I0154647

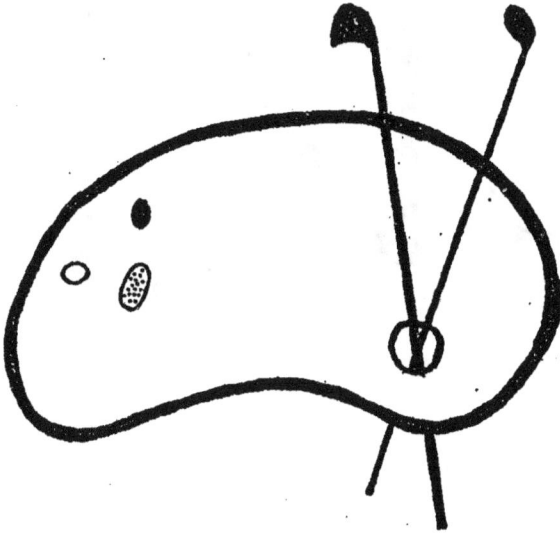

DEBUT D'UNE SERIE DE DOCUMENTS
EN COULEUR

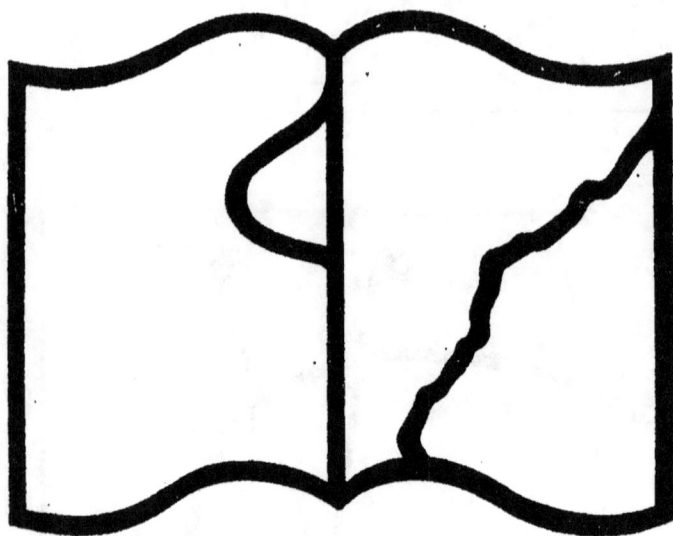

Texte détérioré — reliure défectueuse

NF Z 43-120-11

VALABLE POUR TOUT OU PARTIE DU
DOCUMENT REPRODUIT

(Conserver la couverture)

ENCE ET RELIGION

udes pour le temps présent

JÉSUS-CHRIST EST DIEU

PAR

Pierre COURBET

ANCIEN ÉLÈVE DE L'ÉCOLE POLYTECHNIQUE

Vous croyez en Dieu ;
Croyez aussi en moi.
(St Jean.)

Deuxième édition
Revue et augmentée

PRO DEO ET PATRIA

PARIS
LIBRAIRIE BLOUD ET BARRAL
4, RUE MADAME, ET RUE DE RENNES, 59
1898

SCIENCE ET RELIGION

Études pour le temps présent

Collection de vol. in-12 de 64 pages *compactes*.

Prix : **O fr. 60** le vol.

Les lecteurs curieux de grandes vérités de la foi déploraient l'absen
de vulgarisation de science religieuse. **LES ÉTUDES POUR LE TEMI
PRÉSENT** répondent donc à un désir et comblent une lacune. Ainsi (
ont jugé unanimement les Revues et les journaux les plus importants (
la presse catholique. De ces nombreux et si flatteurs témoignages nous i
citerons que le suivant, extrait du journal l'*Univers*, dû à la plume d'i
juge des plus compétents, M. LOUIS ROBERT :

« Aujourd'hui, en notre siècle de vapeur, d'électricité, on veut savo
« tout et lire peu, toute la vie est pleine et fiévreuse ! C'est ce qui expliqi
« la vogue de la Revue et du Journal. Cependant ces deux organes de
« pensée moderne sont insuffisants pour embrasser une question dans
« complexité de ses aspects. Le livre est toujours nécessaire ; mais nou
« pensons, à part les moines et le clergé des campagnes, que le respectab.
« in-4° et le majestueux in-folio ont fait leur temps pour le grand public
« Il fallait donc condenser en un volume de poche les questions qui tou
« mentent l'âme contemporaine. C'est ce que certains éditeurs ont tré
« heureusement compris, notamment MM. Bloud et Barral, dont les éd
« tions ont déjà tant rendu de services signalés à la cause religieuse.

« Sous le titre de *Science et Religion*, collection de volumes in-12 d
« 64 p. compactes, ils ont entrepris, avec un plein succès, de démontre
« par des plumes des plus autorisées « *l'accord entre les résultats de l*
« *science moderne et les affirmations de la foi.* » Chaque sujet est tra
« té, non plus d'après la méthode apologétique, qui actuellement est si
« pecte aux incrédules, même aux indifférents. C'est avec la plus rigoureu
« méthode scientifique — mais mise à la portée de tous les esprits quelqi
« peu cultivés — que sont exposées les *Nouvelles Études philosophique*.
« *scientifiques et religieuses* de cette opportune et très intéressante co
« lection.

« Le nom de l'auteur de chacune d'elles est une recommandation. »

(Journal l'*Univers*.)

Voici une seconde liste des ouvrages parus ou à paraître incessamment

— **L'Apologétique historique au XIXᵉ siècle.** — **La Critique irré
ligieuse de Renan.** (*Les précurseurs* — *La vie de Jésus* — *Les adver
saires* — *Les résultats*) par l'abbé Ch. DENIS, directeur des *Annalé
de philosophie chrétienne.*   **1** vo

— **Nature et Histoire de la liberté de conscience,** par M. l'abb
CANET, docteur en philosophie et ès-lettres de l'Université de Louvain
ancien professeur de théologie dogmatique au grand séminaire de Lyon
1 vo

— **L'Animal raisonnable et l'Animal tout court,** *étude de psycho-
logie comparée*, par C. DE KIRWAN. 1 vol.

— **La Conception catholique de l'Enfer,** par M. BRÉMOND, docteur
en théologie, professeur de dogme au grand séminaire de Digne. **1 vol.**

— **L'Église russe,** par J.-L. GONDAL, professeur d'apologétique et
d'histoire au grand séminaire Saint-Sulpice. 1 vol.

— **La Fausse Science contemporaine et les Mystères d'Outre-
tombe,** par le R. P. Th. ORTOLAN, O. M. I. **1 vol.**

— *Du même auteur :* **Vie et Matière ou Matérialisme et Spiritua-
lisme en présence de la cristallogénie.** 1 vol.

— *Du même auteur :* **Matérialistes et Musiciens.** 1 vol.

— **Le Mal,** sa nature, son origine, sa réparation. *Aperçu philosophique
et religieux*, par l'abbé M. CONSTANT, docteur en théologie, lauréat de
l'Institut catholique de Paris. **1 vol.**

— **Dieu auteur de la vie,** par M. l'abbé THOMAS, vicaire général de
Verdun. 1 vol.

— *Du même auteur :* **La Fin du monde d'après la foi et la
science.** 1 vol.

— **L'Attitude du catholique devant la Science,** par G. FONSEGRIVE,
directeur de la *Quinzaine*. **1 vol.**

— *Du même auteur :* **Le Catholicisme et la Religion de l'Esprit.**
1 vol.

— **Du Doute à la Foi,** le besoin, les raisons, les moyens, les devoirs, la
possibilité de croire, par le R. P. TOURNEBIZE. S. J. **1 vol.**

— **La Synagogue moderne,** sa doctrine et son culte, par A. F. SAU-
BIN. **1 vol.**

— **Évolution et Immutabilité de la doctrine religieuse dans
l'Église,** par M. PRUNIER, supérieur du gr. séminaire de Séez. **1 vol.**

— **La Religion spirite,** son dogme, sa morale et ses pratiques, par
. BERTRAND. **1 vol.**

— **L'Hypnotisme franc et l'Hypnotisme vrai,** par le docteur HÉLOT,
auteur de *Névroses et Possessions diaboliques*. **1 vol.**

— **Convenance scientifique de l'Incarnation,** par Pierre COURBET,
ancien élève de l'École polytechnique. **1 vol.**

— **L'Église et le Travail manuel,** par M. l'abbé SABATIÉ, du clergé
de Paris, docteur en droit canon. **1 vol.**

— **L'Inquisition,** son rôle religieux, politique et social, par G. ROMAIN,
auteur de : *L'Église et la Liberté*. **1 vol.**

— **Unité de l'espèce humaine** *prouvée par la Similarité des con-
ceptions et des créations de l'homme*, par le marquis de NADAILLAC. **1 vol.**

— **Le Socialisme contemporain et la Propriété.** — *Aperçu historique*, par M. Gabriel ARDANT auteur de la *Question agraire*. **1 vol.**

— **Pourquoi le Roman immoral est-il à la mode et pourquoi le
Roman moral n'est-il pas à la mode ?** *Étude sociale et littéraire*, par
G. d'AZAMBUJA. **1 vol.**

Ouvrages précédemment parus.

— **Certitudes scientifiques et Certitudes philosophiques**, par le R. P. DE LA BARRE S. J. professeur à l'Institut catholique de Paris. 1 vol.

— **L'Ame de l'homme**, par J. GUIBERT, supérieur du séminaire de l'Institut catholique de Paris. 1 vol.

— **Faut-il une religion ?** par M. l'abbé GUYOT, ancien professeur de théologie. 1 vol.

— *Du même auteur* : **Pourquoi y a-t-il des hommes qui ne professent aucune religion ?** 1 vol.

— **Nécessité scientifique de l'existence de Dieu**, par P. COURBET, ancien élève de l'Ecole polytechnique. 2e édition. 1 vol.

— *Du même auteur* : **Jésus-Christ est Dieu**. 2e édition. 1 vol.

— **Etudes sur la Pluralité des mondes habités et le dogme de l'Incarnation**, par le R. P. ORTOLAN, docteur en théologie et en droit canonique, lauréat de l'Institut catholique de Paris, membre de l'académie de Saint Raymond de Pennafort. 3 vol.

I. — *L'Epanouissement de la vie organique à travers les plaines de l'infini.* 1 vol.

II. — *Soleils et terres célestes.* 1 vol.

III. — *Les Humanités astrales et l'Incarnation.* 1 vol.

Chaque vol. se vend séparément.

— **L'Au-delà ou la Vie future d'après la foi et la science**, par M. l'abbé J. LAXENAIRE, docteur en théologie et en droit canon, et de l'académie de Saint Thomas d'Aquin, professeur au grand séminaire de Saint-Dié. 1 vol.

— **Le Mystère de l'Eucharistie. — Aperçu scientifique**, par M. l'abbé CONSTANT, docteur en théologie, lauréat de l'Institut catholique de Paris. 2e édition. 1 vol.

— **L'Eglise catholique et les Protestants**, par G. ROMAIN auteur de : *L'Eglise et la Liberté et Le Moyen Age fut-il une époque de ténèbres et de servitude ?* 1 vol.

— **Mahomet et son œuvre**, par I. L. GONDAL, professeur d'apologétique et d'histoire au séminaire Saint-Sulpice. 1 vol.

— **Christianisme et Bouddhisme**, *(Etudes orientales)* par M. l'abbé THOMAS, vicaire général de Verdun. 2e édition. 2 vol.

Première partie : *Le Bouddhisme.*

Deuxième partie : *Le Bouddhisme dans ses rapports avec le christianisme. — Ascétisme oriental et ascétisme chrétien.*

— **Où en est l'Hypnotisme**, son histoire, sa nature et ses dangers par A. JEANNIARD DU DOT, auteur du *Spiritisme dévoilé.* 2e édit. 1 vol.

— *Du même auteur* : **Où en est le Spiritisme**, sa nature et ses dangers. 2e édition. 1 vol.

Ouvrages en préparation :

— **Les Lois de la nature et le Miracle**, par le R. P. DE LA BARRE, S. J. professeur à l'Institut catholique de Paris. 1 vol.

— **Des Divergences dogmatiques et disciplinaires entre les Eglises orientales et l'Eglise catholique**, par le R. P. TOURNEBIZE, S. J. 1 vol.

— **L'Homme et le singe**, par M. le marquis de NADAILLAC. 1 vol.

— **Les Causes et la Suite de la Conversion de Saint Paul**, par M. LÉVESQUE, professeur d'Ecriture Sainte au séminaire St-Sulpice.

Citeaux. — Imp. Guillermain.

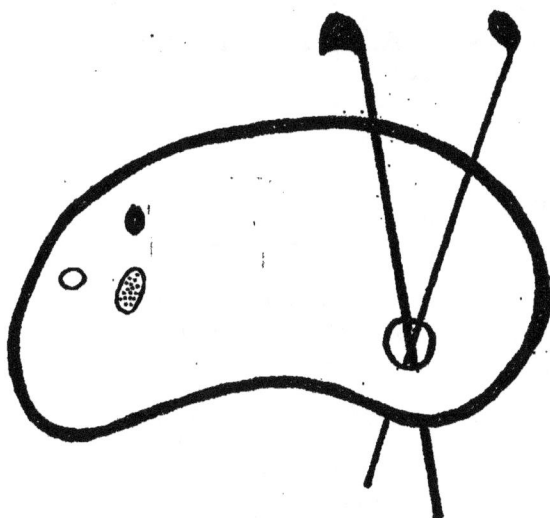

FIN D'UNE SERIE DE DOCUMENTS
EN COULEUR

SCIENCE ET RELIGION
Études pour le temps présent

JÉSUS-CHRIST EST DIEU

PAR

Pierre COURBET

ANCIEN ÉLÈVE DE L'ÉCOLE POLYTECHNIQUE

Vous croyez en Dieu ;
Croyez aussi en moi.
(St Jean.)

Deuxième édition
Revue et augmentée

8° R 14946 (6)

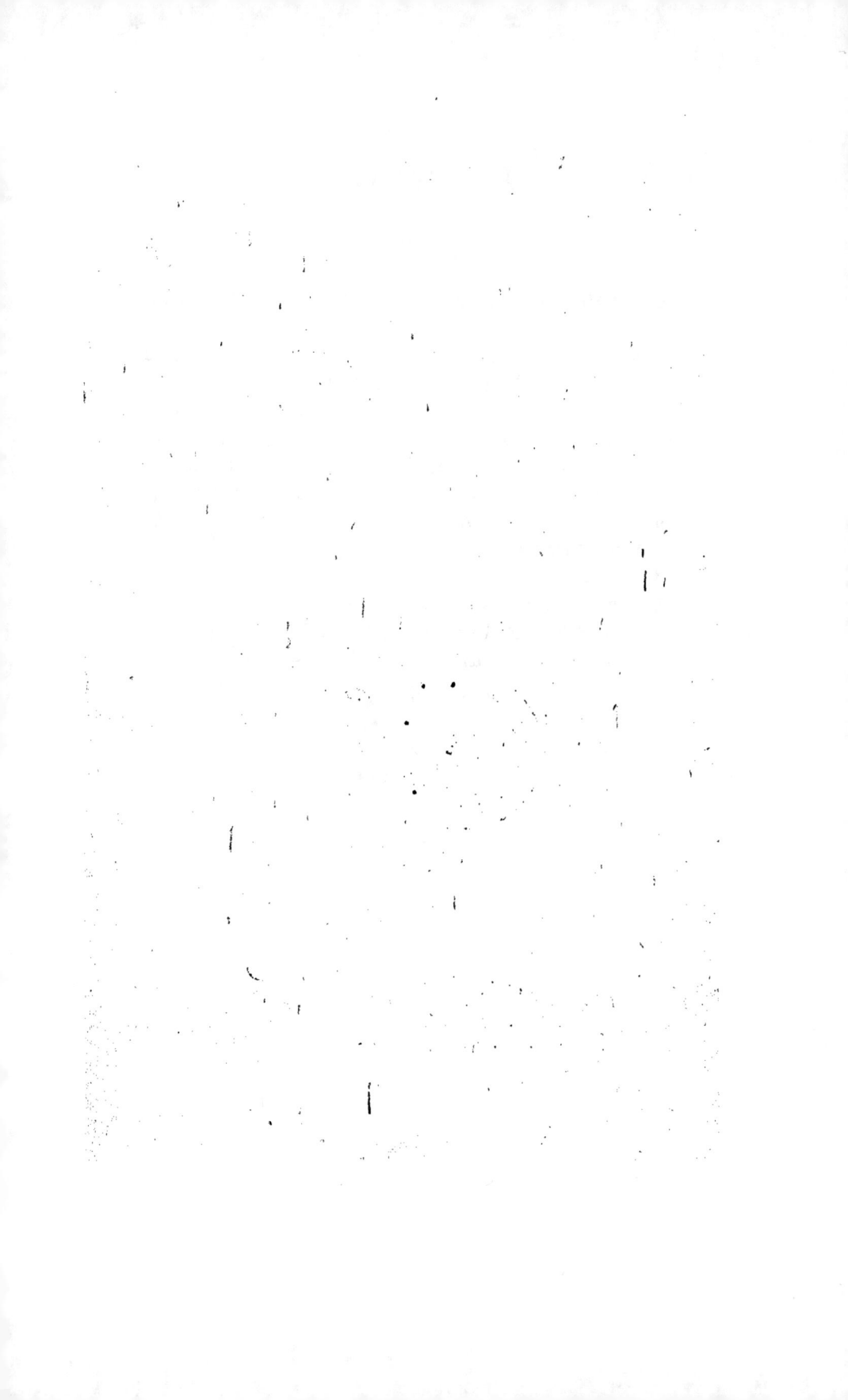

AVERTISSEMENT.

Ce traité est la suite logique de la *Nécessité scientifique de l'existence de Dieu*.

Après avoir démontré que Dieu existe, nous allons démontrer que Jésus-Christ est Dieu.

Pour cela nous montrerons que Jésus-Christ a été annoncé comme Dieu, qu'il s'est donné comme Dieu et qu'il a agi comme Dieu. Nous devons par suite examiner préalablement le caractère des monuments qui nous annoncent et rapportent ses paroles et ses actes.

De là quatre parties dans ce livre :

1º Les prophéties.

2º Authenticité des Evangiles.

3º Affirmations de la divinité de Jésus-Christ.

4º Preuves de la divinité de Jésus-Christ.

BIBLIOTHÈQUE NATIONALE R.F IMPRIMÉS

LES PROPHÉTIES.

Jésus-Christ a été annoncé plusieurs siècles à l'avance. Les principaux événements de sa vie publique, sa mort, sa résurrection ont été prédits dans des prophéties qui ont été conservées avec un soin jaloux par les Juifs dans leurs livres saints. L'accord de ces prophéties avec les faits frappa vivement les contemporains de Jésus et constitua pour eux une des preuves les plus saisissantes de sa divinité.

Sans faire ici une étude complète des prophéties messianiques, ce qui nous sortirait trop de notre cadre, nous nous contenterons de citer celles qui proclament le plus nettement la divinité de Jésus.

I.

RÉFUTATION DES OBJECTIONS RATIONALISTES RELATIVES AUX PROPHÉTIES.

La critique athée fait, au sujet des prophéties, les deux objections suivantes :

1º Elle prétend que les livres qui les contiennent ne sont pas authentiques.

2º Elle retourne pour ainsi dire la prophétie, et prétend que le fait prédit a eu lieu parce que la prophétie a été faite, et non que la prophétie a été faite parce que le fait devait avoir lieu.

Nous examinerons en détail ces deux hypothèses. Au fond, la critique athée repousse les prophéties, comme elle repousse les miracles, uniquement parce que les prophéties prouvent, comme les miracles, ce qu'elle ne veut pas admettre, l'existence de Dieu et la divinité du Christ.

C'est qu'en effet la prophétie n'est autre chose qu'un miracle permanent, qui a, sur le miracle or-

dinaire, l'avantage d'être indépendant de ceux qui
le rapportent et de pouvoir être contrôlé immédia-
tement par l'histoire. Tandis que le miracle ordinaire ne s'adresse qu'à un groupe plus ou moins
considérable de témoins, et que nous ne le connaissons que par leur intermédiaire, les prophéties s'a-
dressent à tous ceux qui doivent les lire dans la
suite indéfinie des temps. Ici le miracle porte toujours et partout en lui-même le cachet de la vérité,
la marque de son authenticité, puisqu'il résulte
simplement de la comparaison de deux dates, généralement faciles à connaître, la date de l'annonce
de l'événement et la date de l'événement annoncé.

En un mot, il suffit, pour que le miracle soit avéré,
que la prophétie ait été divulguée et fixée avant l'é-
vénement qu'elle prédit. Comme l'expérience non
moins que le bon sens nous prouvent qu'il n'est au
pouvoir d'aucun homme de prédire l'avenir, il faut
alors reconnaître dans la prophétie un fait extraor-
dinaire provenant d'un être supérieur à l'homme,
d'un être pour qui le présent et l'avenir ne font
qu'un, parce qu'il est immuable et éternel, de Dieu.

Or, les conditions demandées sont toutes remplies
dans les prophéties messianiques de l'Ancien Testament, et la science athée ne peut, en bonne critique,
élever la moindre objection à cet égard.

Les dates principales de la vie de Jésus sont connues avec une précision plus que suffisante pour l'é-
tude qui nous intéresse : Jésus, né entre l'an 747 et
l'an 749 de Rome, a exercé son ministère public vers
l'an 779, et est mort en l'an 783 (33 de l'ère chrétienne); il s'agit donc uniquement de savoir si les
prophéties sont, oui ou non, antérieures à cette date.

Sans nous livrer à une discussion qui ne serait pas
ici à sa place sur l'authenticité des livres de Moïse

et des prophètes, disons que, de l'aveu même de nos
adversaires, tous ces livres étaient fixés au plus tard
au retour de la captivité, c'est-à-dire environ cinq
cents ans avant la naissance du Christ. Les prophéties de Daniel, qui mentionnent d'une façon si précise la date même de la naissance du Christ, sa mort
et la destruction de Jérusalem, ont été composés, d'a-
près Renan, au temps d'Antiochus Epiphane. En réalité elles remontent à trois cents ans plus loin; mais
peu nous importe pour le but que nous poursuivons
ici; pour être retardé de deux ou trois siècles, le miracle n'en serait pas moins éclatant, puisque ces prophéties seraient encore antérieures de deux siècles
aux événements prédits.

D'une manière générale, toutes les prophéties de
l'Ancien Testament étaient fixées au plus tard vers
l'an 250 avant Jésus-Christ, puisqu'elles font toutes
partie de la version grecque des Septante, qui fut
écrite par des Juifs d'Egypte de l'an 300 à l'an 250
environ, sous le gouvernement des Ptolémée. Or,
on sait que ce texte n'a pas cessé depuis lors d'être
en usage chez les Juifs hellénistes, puis dans toutes les églises grecques de l'Orient. Nous sommes
donc assurés de posséder avec ce texte le sens exact
des prophéties telles que les connaissaient et telles
que les entendaient les Juifs longtemps avant la
naissance du Christ.

Ainsi il ne sert à rien à nos adversaires de nier
l'authenticité des écrits de l'Ancien Testament, puisque, de leur aveu même, les prophéties qu'on y
trouve sont de toute manière antérieures aux faits
prédits.

Ils se rabattent alors sur une seconde hypothèse
quelque peu bizarre. La prophétie, disent-ils, n'a pas
été faite parce que l'événement devait avoir lieu,

mais l'événement a eu lieu parce que la prophétie
a été faite : autrement dit, on a arrangé les événements de manière à donner raison aux prophéties.

Examinons plus attentivement cette hypothèse,
qui revient souvent dans les écrits de Renan et des
écrivains de son école.

Les prophéties messianiques, — les seules qui
nous intéressent ici, — se composent d'un grand
nombre de textes, très courts pour la plupart, et
disséminés à travers tout l'Ancien Testament.

Imaginons un jeu de patience composé d'une cen-
taine de pièces séparées, destinées à former une figure que nous ne connaissons pas, et confondues
avec une quantité d'autres se rapportant à des figu-
res différentes. Il nous sera absolument impossible
de les assembler, si nous n'avons pas le modèle sous
les yeux. Une fois que nous aurons ce modèle, rien
ne nous sera plus facile.

Ici la figure à composer est celle du Messie ; les
différentes pièces du jeu de patience sont les textes
messianiques de l'Ancien Testament. Pour nous, qui
avons sous les yeux la figure du Christ, il nous est facile d'assembler toutes ces prophéties et de refaire
d'après elles le tableau de la vie de Jésus. Il n'en
était pas de même quand cette vie n'était pas fixée
dans l'histoire. Un imposteur qui aurait voulu s'essayer à ce jeu s'y serait brûlé. Il aurait dû avoir
constamment présent à l'esprit le texte de toutes
les saintes Écritures, et n'aurait pu faire un pas
sans risquer une faute ; il lui aurait été impossible
de soutenir jusqu'au bout un pareil rôle, surtout en
face de l'animosité et de la défiance qui suivait partout Jésus.

Du reste un imposteur qui n'aurait agi qu'en vue
de l'accomplissement des prophéties n'aurait pas

manqué de se laisser prendre au piège qu'elles lui tendaient. En prédisant la royauté spirituelle et éternelle du Messie, elles se servaient de termes tels que les Juifs, enclins de tout temps aux choses matérielles, les expliquaient par une royauté purement spirituelle, par là suprématie de leur orgueilleuse nation sur tous les peuples de la terre. Les disciples et les amis les plus intimes de Jésus s'y laissaient prendre eux-mêmes et se disputaient à l'avance les meilleures places de son royaume.

Un imposteur n'aurait pas manqué de profiter de ces dispositions et de l'enthousiasme qu'il excitait pour se faire proclamer roi, ou au moins pour se mettre à la tête d'un parti politique.

C'est ce que firent précisément tous les faux messies qui suivirent Jésus et qui amenèrent ainsi la ruine finale de leur patrie.

II.

LA DIVINITÉ DE JÉSUS DANS LES PROPHÉTIES.

Nous en avons dit assez pour montrer que les explications rationalistes des prophéties sont inadmissibles et doivent être repoussées au nom de la logique et de l'histoire.

Il nous reste à montrer que Jésus-Christ dans ces prophéties est réellement annoncé comme Dieu.

David est le premier qui ait eu la vision nette de cette divinité.

— « Jéhovah a dit à mon Seigneur : « Asseyez-vous « à ma droite, jusqu'à ce que je réduise vos enne- « mis à vous servir de marche-pied.... je vous ai « engendré de mon sein avant l'aurore. »

— « Votre trône, ô mon Dieu, est un trône éter-

« nel, le sceptre de votre royauté est un sceptre
« d'équité.... C'est pour cela, ô Dieu, que votre Dieu
« a répandu sur vous l'onction de sa joie, et vous a
« élevé au-dessus de tous ceux qui doivent partici-
« per à votre gloire. »

— « Jéhovah m'a dit : « Tu es mon Fils, aujourd'hui
« je t'ai engendré. Demande et je te donnerai les na-
« tions en héritage, et les terres les plus reculées
« t'appartiendront.... »

Isaïe, le grand *voyant,* le chantre précurseur du
Messie, de ses souffrances et de sa gloire, est encore
plus explicite.

— « Le Seigneur lui-même vous donnera un
signe : *Voilà que la Vierge concevra et enfantera un
Fils,* qui sera appelé *Dieu avec nous* (1). »

— « *Un enfant nous est né,* un Fils nous a été donné.
Sa principauté est sur son épaule, et son nom sera
l'Admirable, Conseiller, *Dieu, Fort, Père du siècle à
venir,* Prince de la paix. Son empire s'accroîtra et la
paix n'aura pas de fin. Il s'assoira sur le trône de
David et sur son royaume, pour l'affermir et le for-
tifier à jamais (2). »

— « *Dieu lui-même* viendra et il vous sauvera.
Alors les yeux des aveugles s'ouvriront et les
oreilles des sourds entendront. Alors le boiteux bon-
dira comme le cerf et la langue des muets sera dé-
liée (3). »

Les autres prophètes ne sont pas moins précis.

— « Et toi, Bethléem Ephrata, tu es très petite entre
les villes de Juda, *de toi sortira celui qui doit être le*

(1) *Is.,* VIII, 14.
(2) *Is.,* IX, 2-3.
(3) *Is..* XXXV, 4-6.

dominateur en Israël, dont la génération est du com-
mencement, des jours de l'Eternité (1). »

— « Voici que des jours viendront, dit le Seigneur,
« et je susciterai dans la race de David, un germe
« juste, un roi qui régnera, il sera sage... Juda sera
« sauvé... et voici le nom dont on l'appellera : Jého-
« vah notre juste (2). »

Or, quand on réfléchit que Jéhovah était le nom
sacré par lequel on désignait la divinité dans son
essence, nom incommunicable, nom trois fois saint
que les Juifs ne devaient pas et ne doivent pas encore prononcer, qu'ils respectaient au point qu'on
n'en connaît pas la prononciation exacte, on comprend qu'il était impossible de dire plus clairement
que le Messie désigné par toutes les prophéties était
Dieu.

III.

TRADITIONS MESSIANIQUES CHEZ LES PAIENS.

Ce qui précède suffit pour montrer que Jésus-Christ
a été réellement annoncé comme Dieu. On pourrait
rapprocher des prophéties qui précèdent les traditions éparses dans toutes les religions de l'antiquité ;
mais cela nous entraînerait trop loin.

Nous nous contenterons de citer ici le mythe de
Prométhée, où se retrouvent d'une manière si frap-
pante le souvenir de la déchéance de l'homme et la
promesse d'un libérateur divin issu de sa race. Nous
citerons aussi l'inscription découverte en 1833, près
de Châlons-sur-Marne, sur l'emplacement d'un temple païen : « *Virgini pariturœ druides* » (les druides

(1) *Michée*. V. 2.
(2) *Jérémie*, XXIII, 1-8.

à la Vierge qui doit enfanter). Enfin, on peut rappe-
ler les traditions conservées dans les livres sacrés
des Chinois et des Hindous sur la venue d'un sage
qui doit paraître à l'Occident, « pour enseigner la
vérité souveraine et détruire les crimes, en souf-
frant lui-même beaucoup de maux. » Si l'on rap-
proche ces textes de ceux qui nous ont été conservés par Tacite et Suétone, sur la venue du Maître
suprême qui devait sortir de l'Orient, on compren-
dra la justesse de ce mot : « La Judée a été dans
l'antiquité *le Pôle de l'espérance de toutes les na-*
tions. »

LES EVANGILES.

I.

DU CARACTÈRE HISTORIQUE DE LA VIE DE JÉSUS.

Il est impossible de nier l'existence de Jésus, et parmi les adversaires les plus acharnés du christianisme, personne ne l'a osé, parce que personne ne l'a pu. Le Christ n'est pas un de ces personnages légendaires, comme les demi-dieux et les héros de l'antiquité hellénique. Son histoire n'est pas, comme celle de Çakia-Mouni, étouffée sous les légendes grotesques écloses dans les imaginations hindoues. Jésus est, avec Mahomet, le seul fondateur de religion qui ait vécu à une époque historique et dont l'existence soit entourée de toutes les garanties qu'exige l'histoire.

Sa vie publique a eu des milliers de témoins parmi ses compatriotes, hommes à l'esprit froid, sceptique, soucieux de ne rien changer aux usages ou aux croyances de leurs ancêtres, unis par le commerce et par l'éducation au monde hellénique, alors le plus civilisé de la terre; parmi les Grecs, qui, à la suite des conquêtes d'Alexandre, s'étaient établis sur tout le bassin oriental de la Méditerranée et s'étaient infiltrés parmi les races et les populations autochtones; enfin parmi les officiers et les magistrats romains, représentants du pouvoir central le plus puissant qui ait jamais existé, et dont l'action est intimement liée au grand drame du Calvaire.

Les faits principaux de sa vie publique sont fixés historiquement par un grand nombre d'écrits que nous ont laissés ses contemporains et qui présentent, comme nous le verrons plus loin, les caractères les plus sûrs d'authenticité.

Nous avons d'abord les vingt-sept livres, traités ou épîtres qui composent le Nouveau Testament, et qui ont été écrits par huit de ses apôtres et de ses disciples ; puis les nombreux ouvrages composés par les successeurs et les disciples des apôtres, saint Clément, saint Ignace, saint Polycarpe, etc., qui ont écrit à une époque où les souvenirs de la vie de Jésus, où ses enseignements étaient encore présents à tous les esprits et où vivaient un grand nombre des témoins de sa vie et de sa mort. Nous avons enfin les témoignages mêmes de nos ennemis, des auteurs païens, juifs, hérétiques, témoignages si nombreux, si précis, si concordants, que, suivant la remarque d'un critique éminent, ils suffiraient, au cas où les Évangiles seraient perdus, pour nous permettre de reconstituer en entier la vie et la doctrine de Jésus (1).

Tous ces témoignages, tous ces récits concordent admirablement sur les faits principaux de sa vie publique et de sa mort, sur ses enseignements, sur ses miracles, entre autres sur le plus grand de tous, sa résurrection, sur le double caractère de divinité et d'humanité qu'il s'était attribué et que lui attribuaient ses disciples.

La réalité historique de la vie de Jésus s'impose donc avec une évidence saisissante à tous les esprits. Cette admirable figure domine l'ensemble des temps

(1) WALLON, *De la croyance due à l'Évangile.*

anciens et modernes, et ceux-mêmes qui nient son caractère surnaturel ne peuvent s'empêcher de rendre hommage à la sublimité de la vie et de la doctrine de Jésus. .

« Tous les siècles proclameront qu'entre les fils des hommes il n'en est pas de plus grand que Jésus, » déclare Renan (1).

« La morale évangélique, dit le même écrivain, est la plus haute création qui soit sortie de la conscience humaine, le plus beau code de la vie parfaite qu'aucun moraliste ait tracé (2). »

Mais ces affirmations ne sauraient suffire.

Jésus n'est pas seulement un sage, un saint, le plus sage, le plus saint des enfants des hommes ; il est réellement, au sens propre et absolu du mot, le Fils de Dieu, Dieu lui-même.

C'est le but du présent ouvrage de le démontrer.

II.

RÉSULTAT DES TRAVAUX DE LA CRITIQUE MODERNE SUR LES ÉVANGILES.

Les actes et la doctrine de Jésus nous sont principalement connus par les livres du Nouveau Testament et en particulier par les Évangiles. Ceux-ci ont été considérés comme authentiques dès le premier siècle, c'est-à-dire dès leur apparition. Ce n'est qu'à une époque très récente qu'on s'est avisé tout à coup de douter de leur authenticité. Les écrivains sceptiques du siècle dernier qui avaient

(1) *Vie de Jésus*, p. 459.
(2)   *Id.*,   p. 84.

entrepris de démolir le christianisme ne pouvaient en effet laisser subsister l'autorité de ces témoignages contemporains du Christ; car si les faits qu'ils rapportent sont vrais, toutes les théories rationalistes s'effondrent : Jésus est Dieu et le christianisme est la seule expression exacte de la vérité.

On comprend donc l'unanimité avec laquelle tous les écrivains rationalistes de ce siècle et du siècle dernier ont prétendu ne voir dans les Évangiles qu'un recueil de légendes sans valeur historique. Hâtons-nous de dire qu'il n'en est rien. Leurs théories péchent par un mépris absolu de la logique et des saines règles de la critique historique; elles sont contredites par les textes eux-mêmes, non moins que par les témoignages et les monuments contemporains. Toutes leurs assertions ont été reprises et discutées à fond par la critique catholique, et il n'en est rien resté que la démonstration la plus éclatante que l'on puisse désirer de l'authenticité absolue de nos Evangiles.

C'est en effet le seul résultat auquel aient abouti les efforts d'érudition de la critique rationaliste; par les admirables travaux qu'elles ont suscités dans le monde chrétien, les attaques de nos adversaires n'ont fait que confirmer les fondements historiques de nos croyances; elles n'ont servi en dernière analyse qu'à établir la parfaite authenticité de nos livres saints, et par suite la réalité des miracles sur lesquels est fondée la divinité de Jésus-Christ.

III.

AUTHENTICITÉ DES ÉVANGILES. TÉMOIGNAGES DES PREMIERS SIÈCLES.

Il est un fait complètement acquis à la critique

historique, c'est que nos Evangiles existaient dans leur forme actuelle avant la fin du premier siècle de l'ère chrétienne, moins de soixante ans par conséquent après la mort de Jésus.

« J'admets comme authentiques, déclare Renan, les quatre Evangiles canoniques ; tous remontent au premier siècle (1). »

Et de fait, les nombreuses citations que l'on en trouve à partir de cette époque dans les écrits des Pères de l'Eglise, citations que nous allons rapidement passer en revue, prouvent qu'il en est réellement ainsi.

Saint Justin, qui écrivait dans la première partie du second siècle, vers l'an 138 ou 140, cite expressément nos Evangiles, qu'il appelle les *Mémoires des Apôtres.*

« Nous nous réunissons, dit-il, tous les dimanches, « pour célébrer les saints mystères, durant lesquels « nous lisons les Mémoires des Apôtres. » Puis il cite aux païens, pour les leur faire admirer, les plus beaux passages de nos Evangiles, y compris l'Evangile de saint Jean ; trois de ses paragraphes contiennent près de quarante textes des synoptiques (2).

Quelques années plus tard, saint Irénée, évêque de Lyon, né à Syrme vers l'an 120, élevé dans la pure doctrine des apôtres par saint Polycarpe et saint Pothin, disciples de saint Jean, raconte tout au long la genèse des Evangiles, qu'il énumère par leurs noms et dans l'ordre où nous les plaçons encore aujourd'hui. Il cite ces Evangiles trois à quatre cents fois,

_____

(1) *Vie de Jésus*, introduction p. XXXVII.
(2) On sait qu'on donne le nom de *synoptiques* aux trois premiers Evangiles qui suivent à peu près la même marche dans le récit de la vie de Jésus.

JÉSUS-CHRIST EST DIEU.   2

BIBLIOTHÈQUE NATIONALE R.F. IMPRIMÉS

saint Luc et saint Jean près de cent, saint Matthieu plus de deux cents fois. « L'autorité de nos Evangiles, dit-il, est si bien établie, que les hérétiques eux-mêmes lui rendent hommage, et que tout en se détachant de l'Eglise, ils ne laissent pas de s'appuyer autant qu'ils peuvent sur ces saints livres.»

Or, si dès le milieu du second siècle, des hommes aussi éminents que saint Justin et saint Irénée, aussi profondément versés dans la tradition, et touchant de si près au monde apostolique, attribuaient aux Evangiles une antiquité de plus d'un siècle, si toutes les Eglises s'accordaient avec eux, avec les hérétiques eux-mêmes, pour y voir l'œuvre des apôtres ou de leurs disciples immédiats, on avouera qu'il est impossible d'admettre avec l'école rationaliste que ces livres sont précisément de l'époque qui leur attribuait une si haute antiquité et qu'ils ne sont qu'un simple recueil de légendes collationnées dans le courant du deuxième siècle.

Mais il y a plus.

On trouve des citations formelles des trois premiers Evangiles dans des écrits qui datent de la fin du premier siècle ou des premières années du second, et qui nous prouvent par suite que les Evangiles, considérés dès lors comme parole inspirée, remontaient encore plus haut.

Papias, qui, au témoignage de saint Irénée, avait connu saint Jean et les disciples des apôtres, écrivit, vers l'an 120, une *Explication des discours du Seigneur* en cinq livres, dont Eusèbe nous a conservé quelques fragments. On y lit des détails précis sur la composition des Evangiles, par exemple que saint Marc a mis par écrit les prédications de saint Pierre ; il y cite aussi, au témoignage d'Eusèbe, la première épître de saint Jean, la première épître de saint Pierre et l'histoire de la femme adultère.

Saint Polycarpe, évêque de Smyrne et élève des apôtres, qui avait vécu longtemps avec les disciples immédiats du Sauveur, écrivit vers l'an 116 aux fidèles de Philippes, à l'occasion de la mort de saint Ignace, une lettre remplie de textes extraits de saint Matthieu, de saint Luc, des Actes, des épîtres de saint Pierre, de saint Paul et de saint Jean.

Saint Ignace, disciple immédiat de saint Jean, un des personnages les plus considérables de l'Eglise primitive, mort en l'an 107, a écrit, en se rendant à Rome pour y subir le martyre, une épître aux Romains qui contient des allusions textuelles et nombreuses aux Evangiles; elle les cite même expressément plusieurs fois (1).

Enfin saint Clément, pape, disciple de saint Pierre et de saint Paul, mort en l'an 98, a écrit une épître aux Corinthiens qui constitue un des monuments les plus remarquables du christianisme primitif. On la lisait chaque dimanche dans les assemblées des fidèles, au témoignage de saint Denys, évêque de Corinthe, qui vivait dans le milieu du II° siècle. Les trois synoptiques y sont cités littéralement comme Ecriture sainte ; saint Matthieu y est cité au moins trois fois ; on y trouve une mention expresse de la première épître de saint Paul aux Corinthiens et des allusions visibles aux autres. Voici, comme exemple, quelques-unes de ces citations.

« Souvenez-vous des paroles de Jésus-Christ quand il a dit : « Malheur à cet homme, il vaudrait mieux pour lui n'être pas né que de scandaliser un de mes élus : il vaudrait mieux pour lui qu'on lui mît au

---

(1) Cette épître, citée par saint Polycarpe et saint Irénée, ne peut pas être et n'a pas été contestée.

cou une meule et qu'on le jetât dans la mer que scandaliser un de mes petits. »

« Souvenez-vous des paroles de Jésus-Christ, quand il a dit : « Soyez miséricordieux pour qu'on vous fasse miséricorde ; pardonnez pour qu'il vous soit pardonné ; comme vous aurez fait il vous sera fait; comme vous jugez vous serez jugés ; on en usera envers vous comme vous en aurez usé envers les autres, et la mesure dont vous vous serez servis à l'égard du prochain sera votre mesure. » (Clém. *ad Corinth.*, I, 46. Cf. *Matth.*, XXVI, 24 ; *Marc.*, IX, 42 ; *Luc.*, XVII, 2 ; *Matth.*, XVIII, 6.)

Si l'on admet que tous ces textes se fussent conservés ainsi mot à mot par la seule tradition orale, comment récuser cette même tradition quand elle nous rapporte seulement les noms des auteurs et l'époque de la composition des Evangiles ?

Du reste à l'époque où saint Clément écrivait son épître, vers l'an 93 ou 94, saint Jean l'Evangéliste vivait encore, (il ne mourut qu'en l'an 99, cinq ou six ans après la publication de cette lettre,) et par là nous atteignons le premier anneau de cette chaîne historique qui relie à travers les âges les écrits des apôtres à ceux des Pères et des docteurs de l'Eglise jusqu'à nous.

Que reste-t-il alors pour l'élaboration de ces légendes qui sont, d'après nos adversaires, la source principale de nos Evangiles ?

Nous venons de voir, par la comparaison des textes, qu'ils sont bien tels que ceux que possédaient les disciples des apôtres. Comment supposer du reste que les saint Clément, les saint Ignace, tous ces hommes héroïques, tous ces saints martyrs, qui vivaient précisément à l'époque supposée de la formation de ces légendes, les eussent laissées s'ac-

créditer sous les noms vénérés de leurs maîtres ?
Comment n'auraient-ils pas dévoilé les impostures
des auteurs apocryphes qui les avaient rédigées ? Comment n'auraient-ils pas flétri leurs men-
songes, eux si empressés à dénoncer les hérésies, à
excommunier les novateurs, eux qui avaient connu
les disciples de Jésus, qui avaient passé tant d'années
dans leur intimité, qui avaient peut-être connu
Jésus lui-même et s'apprêtaient à mourir pour sa
divinité ? Comment les hérésiarques de la même
époque n'auraient-ils pas relevé l'origine apocryphe
de ces écrits qui les condamnaient et dont ils se
croyaient obligés, malgré tout, de respecter le caractère divin ?

Il y a plus. A l'époque où l'on prétend que ces légendes se sont formées, saint Jean vivait encore,
saint Jean, le disciple bien-aimé du Sauveur, le con-
fident de sa pensée, le vengeur de sa divinité contre
les hérésies de son temps. Comment admettre qu'il
ait laissé se former toutes ces légendes sans les dénoncer ? Comment admettre qu'il ait laissé paraître
sous le nom d'hommes qu'il avait intimement connus
des livres qui n'étaient pas d'eux, livres qu'il avait cer-
tainement sous les yeux quand il écrivait lui-même ?
Pour que saint Jean ne les ait pas attaqués, il fallait qu'ils ne fussent pas attaquables. Mais loin de
les attaquer, saint Jean les couvre de son autorité ;
il les fait siens, pour ainsi dire, par les nombreuses
allusions, par les renvois qu'il y fait, en supposant
connues un certain nombre d'actions et de paroles
qui ne sont rapportées que dans les trois premiers
Evangiles.

Nous devons enfin ajouter à tout cela le témoignage de nos ennemis eux-mêmes, qui viennent se

joindre aux témoignages précédents et leur donner
une valeur que rien ne peut plus infirmer.

Nous citerons en particulier le philosophe païen
Celse, qui vivait dans le courant du II° siècle, et qui
a composé sous le titre de *Discours véritable* une
longue dissertation sur la vie et les miracles de
Jésus. Cet ouvrage, de l'aveu même des maîtres de
la critique moderne, dénote un esprit fin, une dia-
lectique serrée, une critique supérieure.

Or, Celse a lu nos Evangiles, qu'il appelle les Mémoires des apôtres, et « ce qu'il en rapporte, dit
M. Wallon, suffirait, au cas où l'Evangile serait perdu, pour que l'histoire évangélique pût s'y retrouver
tout entière.

« Il y parle de la génération éternelle du Verbe
en Dieu et de sa génération humaine, suivant saint
Luc et saint Matthieu. Il parle du mystère de sa naissance, de l'adoration des Mages, de la fureur d'Hé-
rode, du massacre des Innocents, de la fuite en
Egypte. Il cite le baptême, la colombe descendant du
ciel et la voix d'en haut qui proclame Jésus Fils de
Dieu ; la tentation, tous les actes et enseignements
principaux de la vie publique du Christ, tous les détails de sa passion et de sa résurrection (1). »

Toutes ces citations, tous ces détails sont identiques
à ce que nous lisons dans nos Evangiles, ce qui prouve
qu'à cette époque, qui touchait de si près à l'époque
apostolique, nos Evangiles étaient définitivement
fixés et que les adversaires les plus acharnés et les
plus habiles du christianisme ne pouvaient faire autrement que d'en reconnaître l'absolue authenticité.

(1) WALLON.

IV.

L'authenticité des Evangiles résulte non moins nettement de l'étude intrinsèque qu'on en peut faire.

Les trois premiers ont été composés manifestement avant la prise de Jérusalem par Titus, c'est-à-dire avant l'an 70. En effet, les prophéties du Christ relatives à cet événement s'y trouvent rapportées de telle façon qu'elles se distinguent difficilement de celles qui ont trait à la fin du monde. Or, il est évident que si ces prophéties avaient été écrites après coup, ou si elles avait été imaginées par un imposteur, on aurait pris à tâche de différencier les deux sortes de prophéties et de faire ressortir l'accord de la première avec les événements échus. Il y a là une preuve aussi simple que décisive; elle résulte d'une simple comparaison du texte et d'une date : La date est connue et le texte porte en lui-même la preuve indéniable de son antériorité.

Du reste il n'y a pas que cette date qui puisse fixer la composition de nos Evangiles. Les Actes des Apôtres s'arrêtent brusquement à la captivité de saint Paul, avant l'époque de la première persécution de Néron, vers l'an 64.

Or, il est évident que si ce livre avait été composé à une époque postérieure, l'auteur n'eût pas manqué de nous renseigner sur la fin du grand apôtre qui remplit de son nom les trois quarts du volume. D'autre part, les Actes sont la suite du troisième Evangile, et celui-ci a été composé après ceux de saint Matthieu et de saint Marc, comme le prouvent les emprunts qu'il leur a faits.

Nous voyons donc que les deux premiers Evangiles ont été écrits entre l'an 50 et l'an 60 de notre ère, c'est-à-dire qu'ils sont de la même époque que les événements qu'ils racontent. C'est aussi précisément la même date que leur assignait saint Irénée, dès le second siècle ; l'accord d'une tradition si précise avec les témoignages si formels que nous venons d'examiner ne peut laisser aucun doute pour les esprits de bonne foi.

Il suffit, du reste, d'ouvrir les Evangiles et d'en lire quelques pages pour être frappé du caractère de sincérité *vécue* que l'on découvre en eux. On sent qu'on est en présence d'hommes foncièrement honnêtes s'étant trouvés au milieu des personnages dont ils parlent et des événements qu'ils racontent. Les détails qu'ils donnent sont toujours tellement précis, tellement nets qu'il est impossible de ne pas les attribuer à des témoins oculaires.

Enfin, ce qui frappe non moins vivement dans la lecture des Evangiles, c'est non seulement le caractère de précision et de netteté que nous venons de constater, mais encore la naïve et profonde humilité avec laquelle les évangélistes ne cessent de parler d'eux-mêmes, sans chercher à pallier leurs fautes ou à jeter le voile sur leur indignité ou leur grossièreté primitives. C'est ainsi que saint Matthieu insiste sur le métier, méprisable aux yeux des Juifs, qu'il exerçait au moment de sa vocation. Saint Pierre, qui, au témoignage de toute l'antiquité chrétienne, a inspiré l'Evangile de saint Marc, s'étend longuement sur son triple reniement, et passe sous silence sa glorieuse confession et les privilèges que lui a accordés son divin Maître. Tous rapportent longuement les reproches que leur faisait Jésus sur leur manque de courage et leur peu de foi. Tous racontent naïvement qu'ils ne comprenaient pas toujours ce que leur disait Jésus, et qu'ils l'abandonnèrent lâchement au moment du danger.

Or ces passages où paraît si manifestement l'humilité de nos évangélistes ne sont pas seulement la meilleure garantie de leur bonne foi ; ils sont encore une preuve indéniable de l'authenticité de leurs écrits.

En effet si nos Evangiles n'étaient qu'un recueil de légendes, comme le prétend l'école rationaliste, les apôtres y seraient représentés sous des traits tout différents. On sait que les légendes tendent essentiellement à ennoblir leurs héros ; elles laissent de côté leurs faiblesses pour ne mettre en évidence que leurs actions d'éclat. En un mot elles transfigurent dans le sens du plus beau, jamais dans le sens du pire.

Or à l'époque où nos adversaires supposent que les Evangiles ont été composés, les apôtres étaient devenus les héros du christianisme naissant. Ils avaient porté le nom et la doctrine de Jésus jusqu'au delà des frontières du monde romain, prophétisant, faisant des miracles, donnant leur vie pour attester la divinité de leur maître. En un mot, c'étaient des saints, des enthousiastes, des héros qu'avaient connus les hommes de la seconde génération chrétienne, celle qui, d'après l'hypothèse rationaliste, aurait vu éclore les Evangiles. C'est donc sous cet aspect qu'ils auraient dû nous les dépeindre, non comme des timides et comme des lâches.

Et réciproquement, si des livres composés de toutes pièces ou rédigés d'après des légendes postérieures avaient tracé un portrait tel que celui que nous trouvons dans les Evangiles, jamais ils n'auraient été acceptés par le sentiment populaire

qu'ils contredisaient si violemment, jamais ils
n'auraient été considérés comme véridiques, encore
moins comme inspirés, par les fidèles qui n'avaient
connu des apôtres que la période héroïque de leur
vie.

Par suite le portrait des apôtres, tel que nous le
trouvons dans nos Evangiles n'a pu être tracé que
par les apôtres eux-mêmes et exclut définitivement
toute idée de composition légendaire.

V.

AUTHENTICITÉ DES ÉVANGILES. LES MONUMENTS
CONTEMPORAINS.

Les découvertes modernes n'ont fait que confirmer
pleinement ce résultat. La critique historique a exa-
miné en effet avec un soin scrupuleux et souvent
avec un esprit d'hostilité non déguisé tout ce qui se
rapporte aux événements décrits par nos Evangiles.
Les faits, les dates, les noms d'hommes, les noms de
lieux, les détails de mœurs, elle a tout passé au
crible, et de cette étude approfondie il est résulté un
accord frappant entre nos écrivains sacrés et les
témoignages les plus précis de cette époque, médail-
les, inscriptions, historiens juifs, grecs et romains ;
et cet accord est d'autant plus remarquable, comme
le dit M. Wallon, «qu'il était plus facile de se tromper
sur les noms des princes et l'état politique d'un pays
tel que la Judée, bouleversé à cette époque par tant
de changements, et dans lequel les hommes avaient
passé aussi vite que les choses (1), » Il est impossible

_____

(1) WALLON, *De la croyance due à l'Evangile*, p. 234. Le
savant critique en donne pour exemple les Evangiles apocryphes,
qui fourmillent d'erreurs, et se contredisent même parfois d'une
page à l'autre.

de prétendre qu'un accord aussi complet s'étendant
à des récits si divers soit le résultat du hasard. On
ne peut logiquement l'expliquer que par ce fait que
les auteurs avaient été intimement mêlés aux événements qu'ils racontent, qu'ils étaient du temps et
des pays auxquels leurs écrits se rapportent.

VI.

LES ÉPITRES DE SAINT PAUL.

Nous n'avons parlé dans ce qui précède que des
Evangiles, parce que c'est principalement sur eux
que s'est acharnée la critique rationaliste ; et encore
faut-il mettre à part le quatrième Evangile ou Evangile de saint Jean. En effet, celui-ci porte en lui un
cachet si personnel, il est si évidemment l'œuvre
d'un témoin, d'un compagnon de Jésus, « qu'il faut
avoir perdu l'esprit, » selon le mot d'un critique
rationaliste allemand, Ewald, pour contester son
origine et son authenticité.

Mais il y a d'autres documents dont on ne peut
davantage contester l'authenticité, ce sont les épîtres
de saint Paul.

Saint Paul est le personnage le plus considérable
du christianisme naissant ; il est pour ainsi dire
l'organisateur de l'Eglise primitive qu'il a contribué
plus que personne à dégager des coutumes judaïques
et des liens étroits de la synagogue. Son infatigable
activité le portait incessamment d'un bout à l'autre
du monde romain pour évangéliser, diriger, conso-
lider les églises nouvelles que son ardeur enfantait
au Christ. Saint Paul remplit, en un mot, l'histoire
du premier siècle, et ses lettres sont tellement liées

à son œuvre, elles portent tellement le caractère et
la marque de son génie, sa personnalité y éclate par
tant de détails imprévus et pittoresques qu'il eût été
impossible de les imiter ou de les contrefaire.

Pour n'en donner qu'un exemple, il nous suffira
de mentionner les épîtres aux Corinthiens, dans les-
quelles l'Apôtre trace un portrait si peu flatteur de
l'église primitive de Corinthe, de ses désordres et
du relâchement qui régnait dans son sein. « Assuré-
ment, dit excellemment M. Wallon, les Corinthiens
n'auraient jamais reconnu ces lettres, s'ils ne les
avaient reçues du temps de l'Apôtre et de la main de
l'Apôtre ; or, non seulement ils reconnaissaient les
avoir reçues, mais il les gardaient avec un soin
pieux, comme l'atteste saint Clément de Rome dans
la célèbre épître qu'il leur écrivit vers la fin du
premier siècle. »

« Il n'y a pas une épître, dit encore M. Wallon, où
ne se marque la personne de l'auteur, soit par ces
traits de caractère qui, dans leurs brusques con-
trastes, semblent déjouer tout calcul, soit par mille
particularités de la vie de tous les jours, qu'un faus-
saire n'aurait jamais imaginées ou n'aurait jamais
pu faire accepter des fidèles, comme les prescrip-
tions de saint Paul à Timothée pour qu'il ménage ses
forces ; « Ne bois pas d'eau, prends du vin à cause
de ton estomac ; » comme certaines citations d'auteurs
profanes, par exemple un vers d'Epiménide contre
les Crétois, dans l'épître à Tite, et un vers de Ménan-
dre dans la première épître aux Corinthiens. »

Il est inutile de multiplier ces preuves. En fait,
nous l'avons déjà dit, les épîtres de saint Paul sont
tellement incontestables que personne ne les a jamais
contestées. Nous pouvons donc nous établir sur ce

terrain comme sur un roc inébranlable, qui défie tous
les efforts de la critique rationaliste.

Or, comme l'a très bien montré M. Wallon, ces
épîtres suffisent à elles seules pour établir tous les
points principaux de la vie de Jésus et les dogmes
du christianisme. Tout s'y trouve en effet de ce qu'il
nous importe le plus de savoir, la réalité de l'Incarnation, le dogme de la Rédemption, la croyance très
explicite à la divinité de Jésus, la Résurrection,
l'Ascension, l'institution de l'Eucharistie, le Baptême, la sainte Trinité, en un mot tous les points
essentiels de la vie et de la doctrine de Jésus.

Que signifient dès lors ces chicanes que nous font
nos adversaires sur le plus ou moins d'antiquité de
nos trois premiers Evangiles ? A quoi bon accumuler
tant d'efforts pour démontrer qu'ils ne sont pas exac-
tement de l'époque ou des auteurs auxquels on les
attribue ? Il n'y a qu'une chose au fond qu'attaquent
nos adversaires, c'est la divinité de Jésus. Or, nous
avons dans saint Paul un témoin irrécusable de la
foi primitive des apôtres, de leur croyance en cette
divinité. Nous avons en lui un témoin de sa résurrection, et ce témoin, qui nous garantit tous les
autres, nous suffit en bonne critique pour établir que
Jésus est Dieu.

Il est facile, du reste, de se servir de l'authenticité
des épîtres de saint Paul pour démontrer celle de
tous les autres livres du Nouveau Testament. Cette
démonstration a été excellemment faite par M. Wallon, et nous ne pouvons que renvoyer le lecteur à
son ouvrage (1). Disons seulement que les épîtres de
saint Paul s'enchaînent si étroitement avec les Actes

(1) *De la croyance due à l'Evangile.*

des apôtres — et par suite avec le troisième Evangile, dont les Actes sont la suite, — que l'authenticité
des unes une fois établie entraîne forcément l'authenticité des autres; et le troisième Evangile ne peut
être authentique sans que les deux premiers, qui ont
été composés avant lui, le soient également.

En résumé nous avons démontré que les Evangiles
sont authentiques et ne peuvent pas avoir été composés par d'autres que par les Apôtres ou leurs disciples immédiats.

De plus nous avons dans saint Paul un témoin
incontestable et absolument incontesté de la doctrine
de Jésus et des faits principaux sur lesquels cette doctrine est basée. « S'il fallait, comme l'a excellemment
dit l'éminent critique que nous avons déjà maintes
fois cité, montrer à l'égard des livres anciens ou
nouveaux les exigences que l'on a pour le Nouveau
Testament, l'histoire serait encore à faire, faute de
témoins dûment constatés; nous en serions toujours
à l'âge mythologique, et l'on ne pourrait plus croire
à rien — qu'à l'Evangile (1). »

(1) WALLON.

AFFIRMATION
DE LA DIVINITÉ DE JÉSUS-CHRIST.

———

Nous avons démontré d'une façon aussi complète que le permet le cadre de cette étude que les Evangiles, et, d'une façon générale, les livres du Nouveau Testament sont authentiques, c'est-à-dire qu'ils sont bien des apôtres ou des disciples des apôtres auxquels on les attribue. Nous allons voir que d'après le texte de ces livres, Jésus-Christ s'est bien donné comme Fils de Dieu, qu'il a été considéré comme Fils de Dieu par ses disciples, et que ce titre de Fils de Dieu avait pour ses contemporains le même sens que celui que nous lui attribuons maintenant.

I.

TÉMOIGNAGES DE SAINT JEAN.

Il est incontestable que Jésus s'est donné pour Fils de Dieu. Nos adversaires sont bien obligés de le reconnaître eux-mêmes « Son titre de Fils de Dieu qu'il avouait ouvertement dans de vives paraboles, dit Renan (1). »

Aussi, pour atténuer cet aveu, prétendent-ils que si Jésus s'est bien donné comme Fils de Dieu, il n'entendait pas cette expression dans le même sens que nous.

(1) *Vie de Jésus* p. 353.

Nous allons démontrer que cette hypothèse est absolument erronée.

Il est inutile d'insister longuement sûr le témoignage de saint Jean. Son Evangile n'est, d'un bout à l'autre, que l'éclatante démonstration de la divinité de Jésus. Dès la première page, saint Jean l'établit avec la dernière netteté dans le passage célèbre :

« Au commencement était le Verbe, et le Verbe « était Dieu.... Il est venu dans le monde.... et nous « avons vu sa gloire, qui est la gloire du Fils de « Dieu. »

Il le répète à plusieurs reprises dans le cours du récit :

« Mon Père et moi ne sommes qu'un....

« Ne croyez-vous pas que je suis dans le Père, et que le Père est en moi ?

« Celui qui me voit, voit aussi mon Père... » etc.

Or, saint Jean est témoin, et le plus important des témoins, car il était l'ami le plus tendre et le compagnon inséparable de son maître. De plus, de l'aveu même de la plupart de nos adversaires rationalistes, son Evangile est de tous points inattaquable. Son témoignage suffit donc, en bonne critique, pour démontrer que Jésus s'est réellement donné pour Fils de Dieu, égal en tant que Dieu à son Père.

II.

TÉMOIGNAGES DE SAINT MATTHIEU.

On sait que saint Matthieu s'est attaché spécialement à démontrer que Jésus était bien le Messie prédit par les prophètes. Or nous avons montré que d'après les Ecritures, le Messie devait être à la fois Dieu et homme. Les commentaires rabbiniques sur les Ecritures composés précisément à une époque peu antérieure au Christ, confirment absolument ce que nous avons déjà dit à ce sujet et nous prouvent indubitablement que telle était bien l'opinion des Juifs que le Messie devait être Dieu.

Ainsi, en démontrant que Jésus était le Messie, saint Matthieu démontrait par cela même que Jésus était Dieu.

Mais saint Matthieu ne s'est pas contenté de cette démonstration indirecte. On trouve dans son livre de nombreux passages qui établissent clairement que Jésus s'est bien donné comme Dieu et que ses disciples le considéraient comme tel.

On connaît la scène de la tempête, quand Jésus vint à ses disciples en marchant sur les flots, « et ceux-ci s'approchant de lui l'adorèrent en disant : « Vous êtes vraiment le Fils de Dieu (1). »

Un jour Jésus interrogea ses disciples, leur disant: « Que dit-on que soit le Fils de l'Homme ? »

« ..... Et Simon Pierre prenant la parole, dit : « Vous êtes le Christ Fils du Dieu vivant.»

Enfin nous avons plus que tout cela, une attestation solennelle du Christ lui-même nous affirmant sa divinité,

Jésus venait d'être livré à ses ennemis et conduit devant le grand prêtre, pour y entendre les dépositions qu'on avait pu recueillir contre lui :

« Je vous adjure, lui dit le grand prêtre, par le « Dieu vivant, de nous dire si vous êtes le Christ, « Fils de Dieu. »

— « Vous l'avez dit, » répondit Jésus. Et pour montrer le sens qu'on devait attacher à ces paroles :

« De plus, ajouta-t-il aussitôt, je vous déclare que

(1) XIV. 33.

« vous verrez un jour le Fils de l'homme assis à la
« droite de la Majesté de Dieu et venant sur les nuées
« du ciel. »

Et peu après, pendant que Jésus agonisait, les
pieds et les mains cloués sur la croix, les princes des
prêtres et les docteurs de la loi, se mêlant à la
populace qui regardait expirer leur victime, disaient
avec des ricanements et des blasphèmes :

« S'il est le roi d'Israël, qu'il descende de la croix,
« et nous croyons en lui. Il se confie en Dieu ; que
« Dieu le délivre maintenant, s'il lui veut du bien,
« car il a dit : *Je suis le Fils de Dieu.* »

Ainsi l'Evangile de saint Matthieu nous suffit
amplement pour prouver que Jésus s'est donné
comme Fils de Dieu, et qu'il était adoré comme tel
par ses disciples.

On ne peut pas nous objecter que ce titre de Fils
de Dieu correspond à une union purement spirituelle, à une sainteté suréminente, quoique purement humaine, encore moins à la filiation qui lie
tous les hommes à leur Créateur. Sans nous référer
à l'Evangile de saint Jean, qui lèverait toute incer-
titude à cet égard, s'il y en avait, nous trouvons en
saint Matthieu même différents passages qui suffisent pour nous éclairer parfaitement.

« Père, disait un jour Jésus, saisi d'un saint trans-
« port devant ses disciples, Père, Seigneur du ciel
« et de la terre, je vous rends gloire de ce que vous
« avez caché ces choses aux sages et aux prudents
« et de ce que vous les avez révélées aux petits. Oui,
« Père, car il vous a plu ainsi. Toutes choses m'ont
« été données par mon Père, *et nul ne connaît le*
« *Fils, si ce n'est le Père, et nul ne connaît le Père*
« *si ce n'est le Fils* et celui à qui le Fils aura voulu
« le révéler. »

« Toute puissance m'a été donnée au ciel et sur la terre, » disait encore Jésus, ce qui ne peut se comprendre que s'il est réellement Dieu.

En outre, il est évident que si le titre de Fils de Dieu avait pu s'appliquer à tous les hommes ou même seulement à quelques-uns d'entre eux, les docteurs juifs n'en auraient pas pris tant d'ombrage ; ils n'eussent jamais osé faire mourir leur ennemi sur ce seul grief. Or, l'Evangile de saint Matthieu nous prouve précisément le contraire. En effet, aussitôt après la solennelle déclaration que nous avons rapportée plus haut, dans laquelle le Christ se donnait si clairement pour Fils de l'Homme et Fils de Dieu, le grand prêtre déchire ses vêtements en disant : « Il a blasphémé. Qu'avons-nous besoin « encore de témoins ? Voilà que maintenant vous « avez entendu le blasphème ! Que vous en sem- « ble ? »Et tous répondirent : « Il mérite la mort. »

De plus, après la glorieuse confession de saint Pierre que nous avons rapportée plus haut, lorsque le chef futur de l'Eglise lui eût dit au nom du collège apostolique.

« Vous êtes le Christ, Fils du Dieu vivant. »

« — Tu es heureux, lui répond Jésus, tu es heu- « reux, Simon, fils de Jean, car ni la chair ni le « sang ne t'ont révélé ceci, mais mon Père qui est « dans les cieux. Et moi je te dis que tu es Pierre, « et sur cette pierre, je bâtirai mon Eglise, et les « portes de l'enfer ne prévaudront point contre elle, « et je te donnerai les clefs du royaume des cieux, « et tout ce que tu lieras sur la terre sera aussi lié « dans le ciel, et tout ce que tu délieras sur la terre « sera délié dans les cieux. »

Or, il est évident que Jésus n'eût pas employé de telles expressions ni fait de si magnifiques promes-

ses pour un titre sans conséquence, et il confirme la
croyance de ses apôtres à sa divinité en leur disant
qu'il est, en tant que Dieu, maître du royaume des
cieux « dont il donnera les clefs » à son disciple.

Ce même passage nous montre aussi le sens que
Jésus attachait à cette expression de *Fils de l'homme*
par laquelle il aimait à se désigner.

« Que dit-on que soit le *Fils de l'homme ?*

« — Vous êtes le Christ, Fils de Dieu. »

Ces deux expressions sont donc synonymes, et si
Jésus employait la première avec une sorte de pré-
dilection, c'est qu'il ne voulait pas effrayer les foules qui se pressaient autour de lui. Il voulait avant
tout être aimé. Or, on sait que le nom de Dieu n'ins-
pirait aux hommes de ce temps que terreur et res-
pect; ce nom ne pouvait qu'éloigner de lui les pé-
cheurs, les humbles, les faibles, tous ceux qu'il re-
cherchait de préférence, tous les Juifs même, qui
s'imaginaient qu'on ne pouvait voir Dieu sans
mourir.

Et puis il était bien le Fils de l'homme par excel-
lence, celui qui en avait pris toutes les misères, tous
les abaissements, qui allait en porter tous les crimes,
toutes les ignominies dans sa chair sacrée, pour les
expier sur la croix. Il était bien réellement le Fils
de l'homme, le centre de l'humanité, l'être sublime
dans lequel se concentrent toutes les natures créées
et la nature incréée, vers lequel convergent toutes
les aspirations de l'humanité, et au delà de l'humanité, tous les desseins de Dieu dans la création

Enfin, en se donnant comme souverain juge de l'humanité, en annonçant qu'il reviendrait un jour à la
fin des temps pour juger tous les hommes et rendre
à chacun selon ses œuvres, Jésus s'attribuait un
pouvoir que nul ne s'était donné avant lui. C'était

Dieu qui, dans la religion et les idées des Juifs, était seul juge du bien et du mal ; ni leurs prophètes, ni leurs rois, ni même leur grand législateur, Moïse, ne s'étaient attribué un pareil pouvoir. En le prenant pour lui, en le revendiquant si hautement dans tant de circonstances, jusque devant le tribunal du grand prêtre, Jésus s'égalait donc encore réellement à Dieu.

III.

TÉMOIGNAGES DES AUTRES ÉVANGÉLISTES ET DE SAINT PAUL.

Ainsi un seul Evangile — et le plus ancien de tous — nous suffit pour démontrer rigoureusement la divinité de Jésus.

Nous pourrions faire le même travail pour toutes les autres parties du Nouveau Testament, nous arriverions à des conclusions identiques.

L'Evangile de saint Marc débute par ces mots :

« Commencement de l'Evangile de Jésus-Christ, Fils de Dieu. »

Puis il répète, en les abrégeant, la plupart des scènes capitales que nous venons d'étudier dans saint Matthieu.

Il en est de même de l'Evangile de saint Luc. En outre, l'auteur de cet Evangile, qui est aussi l'auteur des Actes des Apôtres et qui a écrit en grec, donne en général à Jésus le titre de *Seigneur*, ὁ Κύριος ; or, comme on l'a remarqué, ce terme de Κύριος est précisément celui par lequel les Septante ont traduit le nom hébreu de Dieu *Jéhovah*.

Saint Pierre, dans les Actes, parlant aux Juifs, leur dit :

« Le Dieu d'Abraham, le Dieu d'Isaac, le Dieu de Jacob, le Dieu de nos pères, a glorifié son *Fils Jésus.... L'auteur de la vie,* vous l'avez tué. »

Quant à saint Paul, on peut citer un très grand nombre de textes dans lesquels il établit clairement la divinité du Christ. Nous nous contenterons des suivants, qui sont les plus frappants :

« Paul, serviteur de Jésus-Christ, appelé à l'apostolat, choisi pour l'Evangile de Dieu touchant son Fils qui est né de la race de David selon la chair. » (*Rom.,* I, 1-3.)

« Dieu a envoyé son Fils dans une chair de péché semblable à la nôtre. » (*Rom.,* VIII, 3.)

« Dieu n'a pas épargné son propre Fils, il l'a livré pour nous tous. » (*Rom.* VIII, 32.)

« *Le Christ qui est au-dessus de toutes choses, Dieu béni dans tous les siècles.* » (*Rom.,* IX, 5.)

« Il est fidèle, le Dieu par qui vous avez été appelés à la société de son Fils, Jésus-Christ Notre-Seigneur. » (*I. Cor.,* I, 9.)

« *C'est bien Dieu qui était dans le Christ.* » (*II. Cor.,* V, 19.)

« Je vous déclare que l'Evangile que je vous ai prêché n'est pas selon l'homme. En effet, ce n'est pas d'un homme que je l'ai reçu ou appris, mais par la révélation de Jésus-Christ. » (*Gal.,* I, 11, 12.)

« *Lorsqu'est venue la plénitude des temps, Dieu a envoyé son Fils formé d'une femme.* » (*Gal.,* IV, 4.)

« Dans l'attente de l'avènement glorieux *du grand Dieu* Jésus-Christ notre Sauveur. » (*Tite,* 2.)

« *Le Christ Jésus étant dans la substance de Dieu, n'a pas dédaigné de prendre la substance humaine, et n'a pas cru que ce fût pour lui une usurpation de se donner pour Dieu.* » (*Philipp.,* II, 6.)

« *C'est par lui que tout a été fait dans les cieux*

et sur la terre, les choses visibles comme les invi-sibles.... *Tout a été créé par lui et en lui,* et lui-même est avant tous, et toutes choses subsistent en lui.... *Il a plu au Père que toute plénitude habitât en lui.* » (*Coloss.,* I, 16-19.)

« *Toute la plénitude de la divinité habite en lui corporellement.* » (*Coloss.,* II, 9.)

Ainsi l'étude des textes et des documents contem-porains nous démontre pleinement que Jésus-Christ s'est donné pour Dieu et qu'il a été reconnu comme tel par ses disciples.

PREUVES DE LA DIVINITÉ DE JÉSUS-CHRIST.

I.

LES MIRACLES DE JÉSUS.

Jésus-Christ est le seul homme qui se soit donné comme Dieu, et comme il est en même temps l'être le plus saint qui ait jamais existé, sa seule affirmation pourrait suffire à la rigueur pour que nou croyions qu'il l'est réellement.

Mais il ne s'est pas contenté de se donner pour Dieu. Il a réellement agi en Dieu ; il a montré qu'il était le maître absolu de la nature, de la nature animée comme de la nature physique, qu'il était l'auteur de la vie, ou mieux, comme il l'a dit en propres termes, qu'il était *la vie* même (1).

Il commande aux vents, aux flots, à la maladie, à la mort. Sur un signe de lui, les tempêtes s'apaisent; sur un geste de lui, les arbres se dessèchent et meurent. Il ne prie pas Dieu de faire tel ou tel miracle, comme l'avaient fait les prophètes, comme le feront ses disciples. Il le fait par lui-même, en vertu de la puissance qui lui est propre. De même que Dieu, à l'origine des choses, a dit : « Que la lumière soit, » et la lumière fut, de même Jésus dit au paralytique : « Marchez, » et le paralytique marche ; il dit à Lazare enseveli depuis trois jours : « Lazare, sortez, » et Lazare sort vivant du tombeau.

Or nous savons que toutes les forces de la nature physique dérivent d'une force supérieure imma-

_____

(1) Je suis la voie, la vérité, la *vie*. (S. Jean.)

nente, éternelle, qui n'est autre que Dieu ; que la vie dérive également d'un principe éternel et nécessaire, qui est encore Dieu. Donc Jésus, en commandant aux forces de la nature, en modifiant à son gré le principe de la vie, le rétablissant là ou il manquait, le régénérant par sa seule volonté là où il s'était affaibli, Jésus, dis-je, en agissant ainsi, nous prouve qu'il est le principe même des forces de la nature, le principe de la vie, que par suite il est Dieu.

II.

NÉCESSITÉ DU MIRACLE COMME SIGNE DE L'INTERVENTION DE DIEU.

On ne peut échapper à la rigueur des raisonnements qui précèdent qu'en niant les faits mêmes sur lesquels ils s'appuient, c'est-à-dire les miracles de Jésus.

C'est ce qu'ont fait tous les incrédules qui depuis deux siècles se sont acharnés contre le christianisme, et c'est uniquement dans ce but qu'ils ont attaqué, comme nous l'avons vu, l'authenticité de nos Evangiles.

Nous avons démontré que ces attaques n'ont servi à rien et que tous les travaux de la critique rationaliste n'ont abouti en dernière analyse qu'à confirmer les bases historiques de nos croyances.

Au fond, ce que l'on discute dans les Evangiles ce n'est pas leur authenticité, qui ne ferait doute pour personne s'il s'agissait d'un livre ordinaire, ce sont les miracles, qu'ils contiennent. On ne veut pas des miracles; donc les livres sont faux. C'est là, pour une certaine école, une question de principe; et on ne veut pas des miracles, parce qu'on ne veut pas de Dieu.

Pour nous qui avons démontré que Dieu existe,
cette objection n'en est plus une. Dieu existe ; il est
donc libre d'agir sur la nature comme il lui plaît et
de suspendre ou de modifier les lois qu'il a faites
pour le cours ordinaire des choses.

Bien plus, puisque Dieu existe, non seulement le
miracle est possible ; mais il est jusqu'à un certain
point nécessaire comme signe de l'intervention de
Dieu parmi nous. Il fallait que le Christ démontrât
sa divinité par des miracles, et il était impossible à
ses disciples de les passer sous silence puisque leur
but était précisément celui de leur maître, prouver
sa divinité.

III.

CROYANCES DES JUIFS ET DES PAIENS RELATIVEMENT AUX MIRACLES DE JÉSUS.

Du reste la question des miracles n'est pas liée
d'une façon absolue à celle de l'authenticité des
Evangiles. Les miracles de Jésus n'avaient jamais
été contestés jusqu'à l'époque, très rapprochée de
nous, où la critique allemande s'est mise la première à les attaquer.

Les ennemis mêmes du christianisme en reconnaissaient la réalité tout aussi bien que les chrétiens ; ils leur attribuaient seulement une origine
différente, la magie ou le pouvoir surnaturel du
démon, et les écrits qu'ils nous ont laissés suffiraient encore, au cas où les Evangiles seraient perdus, pour reconstituer la plupart de ces miracles.

Nous avons déjà vu que Celse est à cet égard une
autorité indéniable, et que son *Discours véritable* est
une confirmation éclatante des récits évangéliques.

Les Juifs si acharnés contre les chrétiens au pre-

mier siècle n'ont soulevé aucune protestation contre
les miracles racontés dans nos Evangiles, et s'ils ne
l'ont pas fait, c'est évidemment qu'ils ne pouvaient
pas le faire.

Mais il y a plus ; non seulement ils n'ont pas pro-
testé ; mais nous avons des témoignages formels qui
prouvent qu'eux aussi croyaient à la réalité des miracles de Jésus.

C'est ainsi que le Talmud, recueil des traditions
et des enseignements de la synagogue, dit formelle-
ment que Jésus fit des prodiges par lesquels il sé-
duisit et égara les masses. La seule explication qu'il
en donne, c'est que Jésus avait dérobé dans le
temple le nom ineffable de Jéhovah, nom qu'il suffi-
sait de prononcer pour opérer les plus grands prodiges.

Le *Toldos Jeschu* est non moins explicite et déclare que Jésus ressuscita un mort pour prouver
qu'il était le Fils de Dieu prédit par Isaïe. Enfin, le
grand apologiste chrétien du second siècle, Tertul-
lien, nous garantit la croyance des Juifs à cet égard :
« *Hœc Christum operatum esse*, dit-il en s'adressant
aux Juifs de son temps, *nec vos diffitemini*. Vous-
mêmes vous avouez que le Christ a accompli tous
ces miracles. »

Il est inutile après cela de s'appuyer sur le texte
célèbre de Josèphe dont Renan lui-même a reconnu
l'authenticité (1).

« Vers ce temps parut Jésus, homme sage (si tou-
tefois on doit l'appeler homme), car *il fit des choses
surprenantes....* Il s'attacha comme disciples beau-

(1) « Je crois le passage de Josèphe sur Jésus authentique ; il
est parfaitement dans le goût de Josèphe, et si cet historien a
fait mention de Jésus, c'est bien comme cela qu'il a dû en parler. » (RENAN, *Vie de Jésus*, intr., p. x.)

coup de juifs et aussi beaucoup de païens. (Il était le Messie.) Pilate le condamna au supplice de la croix sur les accusations des principaux d'entre nous, mais ceux qui l'avaient aimé ne lui furent pas infidèles; il leur apparut vivant le troisième jour, ce que les prophètes avaient prédit de lui, ainsi que mille autres choses merveilleuses, et la race des chrétiens qui tirent leur nom de lui n'est pas encore éteinte à présent.» (*Antiq. jud.*, XVIII, III.)

On ne peut donc nier les miracles de Jésus et la critique la plus hostile n'a pu faire qu'une seule chose, essayer de les expliquer à sa façon.

Ce sont ces essais d'explication que nous allons examiner maintenant.

IV.

EXPLICATIONS RATIONALISTES DES MIRACLES DE JÉSUS.

Les écrivains rationalistes ont imaginé beaucoup de systèmes pour expliquer les miracles de Jésus.

a.

Le système le plus radical, mais aussi le plus simple est celui de l'imposture. Non seulement Jésus ne serait pas Dieu, mais il ne serait qu'un imposteur; ses miracles ne seraient que des fourberies et ses disciples les complices de son imposture.

Cette thèse est celle du premier en date des critiques rationalistes allemands, Lessing. C'est aussi, au fond, celle du dernier et du plus connu de nos adversaires, Renan.

Du reste, c'est à elle que se ramènent en dernière analyse tous les systèmes non chrétiens. Car Jésus s'est donné comme Dieu, et s'il ne l'est pas, il n'est en effet qu'un imposteur. Mais comment concilier cette imposture avec la vie sublime qu'il a menée, avec la doctrine si élevée, la morale si pure qu'il a prêchée, avec toutes les vertus héroïques dont il a donné l'exemple ? C'est une question qu'on n'a même pas cherché à résoudre, pour la bonne raison qu'elle est insoluble.

De plus, il est facile de démontrer que le système de Lessing, indépendamment de toute autre considération, est historiquement faux.

On sait, en effet, avec quelle hostilité Jésus fut accueilli par les classes dirigeantes d'Israël ; on sait quelle défiance le poursuivit pendant toute la durée de son ministère public. Les prêtres, les scribes, les pharisiens, tous les lettrés, tous les savants, tous les puissants d'Israël, se liguèrent contre lui, et après une lutte de trois ans finirent par arracher sa mort à la faiblesse du gouverneur romain.

Pendant ces trois ans, Jésus fut épié par ses adversaires et surveillé dans toutes ses actions. Or, en admettant qu'un imposteur eût pu réussir à huis clos quelques semblants de miracles, comment supposer qu'il ait pu tromper des foules entières, surtout quand ces foules étaient dominées par ses ennemis ? Tous les miracles de Jésus ont eu lieu au grand jour. Les plus éclatants se sont produits à Jérusalem, au milieu de ses adversaires les plus acharnés ; quelques-uns d'entre eux ont donné lieu à des enquêtes très longues, très minutieuses, que saint Jean nous rapporte textuellement (1). Comment admettre une

---

(1) Rien n'est plus instructif à cet égard que le récit de saint Jean relatif à la guérison de l'aveugle-né rapportée au chapitre ix de son Evangile. On y voit clairement la défiance des classes dirigeantes contre Jésus, la minutie de leurs enquêtes successives, leur rage folle quand on découvre qu'on ne peut rien trouver à redire au miracle. Tout ce chapitre est à lire.

imposture dans de telles conditions ? Nous ne devons
pas nous payer de mots. Si l'on accuse Jésus d'un
crime pareil, il faut montrer comment il a pu faire
pour l'accomplir, pour tromper des milliers de témoins, pour donner le change à des gens aussi dé-
fiants que ses ennemis.

Il est incontestable d'autre part que si un seul de
ses actes avait pu donner lieu au reproche d'imposture, les pharisiens n'auraient pas manqué de s'en
prévaloir pour accabler leur ennemi.

Bien plus, quand, au moment de son jugement, on
cherchera de tous côtés des faux témoins pour le
perdre, quand on recueillera avec un empressement
haineux le moindre fait qui puisse servir de prétex-
te à une condamnation, personne ne viendra dire :
« Cet homme est un fourbe, les miracles dont il se
servait pour entraîner et pour séduire le peuple ne
sont que des impostures. Voici tel ou tel de ses mala-
des qu'on a prétendu guéri et qui ne l'est pas. »

L'imposture des disciples est tout aussi inadmissible et aurait produit les mêmes conséquences ; les
ennemis de Jésus n'auraient pas manqué de s'en
prévaloir pour accabler le maître.

Du reste le rôle des disciples est uniquement *passif*
dans le récit évangélique; ils se contentent de ra-
conter ce qu'ils ont vu et ne sont généralement mêlés en rien aux miracles de leur maître. Il faudrait
donc qu'ils eussent inventé de toutes pièces les faits
qu'ils racontent. Mais ces faits avaient eu d'autres
témoins ; ils s'étaient passés au milieu des foules où
dominaient les ennemis de Jésus. Et aucun d'eux
n'aurait élevé de protestation contre les récits ima-
ginés par les apôtres? Mais il y a plus; comme nous
l'avons déjà dit, les ennemis de Jésus eux-mêmes
croyaient à ses miracles; nous avons cité différents

témoignages qui le prouvent incontestablement. Les apôtres n'ont donc rien inventé quand ils ont écrit ou inspiré les Evangiles.

Du reste nous avons démontré que le caractère même des Evangiles démontrait surabondamment la bonne foi de leurs auteurs. Nous ajouterons simplement que ceux-ci ont donné leur vie pour attester la vérité de ce qu'ils racontent. Des hommes qui donnent leur vie en témoignage de leur parole ne sauraient être des imposteurs ou des fourbes.

b.

Ne pouvant admettre l'imposture de Jésus et celle des apôtres, la critique rationaliste a essayé avec Paulus un autre système d'interprétation. D'après elle les miracles ne seraient plus que des faits naturels mal compris ou mal observés. L'explication est simple; mais elle ne résiste pas à l'examen tant soit peu superficiel des textes et des faits ; de plus elle prête aux mêmes critiques que la précédente; car, encore une fois, les apôtres et les amis de Jésus n'étaient pas seuls à assister à ses miracles. S'ils ont mal vu ou mal compris, comment les pharisiens ou leurs agents qui étaient si empressés à critiquer Jésus, ont-ils été victimes des mêmes erreurs ou des mêmes illusions? Comment leurs enquêtes si approfondies n'ont-elle rien trouvé à reprendre dans les miracles que l'on attribuait à Jésus? Comment enfin trouver une explication naturelle à la guérison de l'aveugle-né racontée par saint Jean, à la résurrection de Lazare sortant vivant du tombeau après trois jours de sépulture, alors que «son cadavre sentait mauvais ?»

Les rationalistes modernes y ont eux-mêmes renoncé et le système de Paulus s'est définitivement écroulé sous les railleries de Strauss et de son école.

c.

Peut-on admettre au moins que les guérisons miraculeuses de Jésus ne soient que des cas extraordinaires d'hypnotisme ou de suggestion ?

Pour qu'une guérison réussisse par les procédés de l'hypnotisme, il faut un certain nombre de conditions précises qui sont aujourd'hui fort bien déterminées. Le sujet doit être en général un névropathe d'une grande sensibilité nerveuse ; il doit connaître le médecin ou la personne qui opère sur lui ; il faut un entraînement, des études préalables, des opérations longues et répétées, dont on ne trouve aucune trace dans la manière de faire de Jésus. On lui amenait un malade quelconque, venu souvent de fort loin pour le voir ; d'un mot, d'un signe, il le guérissait, et la guérison était complète, radicale, quelle que fût la maladie qu'on lui donnait à guérir. Tandis que la suggestion ne s'applique guère qu'aux maladies nerveuses, la vertu surnaturelle qui émanait de Jésus s'étendait à toutes les souffrances, à toutes les langueurs, à toutes les misères de l'humanité. En admettant même qu'on puisse, à la rigueur, expliquer par la suggestion la guérison d'un paralytique, la délivrance de quelques possédés — ce qui n'est pas — comment expliquer le cas d'aveugles-nés recouvrant *subitement* la vue, de boiteux, de sourds-muets guéris radicalement, instantanément, à la parole de Jésus ?

Ajoutons enfin qu'il n'y a pas que des guérisons dans nos Evangiles. Outre les résurrections de morts, que l'on ne saurait expliquer par la suggestion — et pour cause (1), — on trouve dans nos

(1) Voir entre autres le récit de la résurrection de Lazare. Le cadavre sentait mauvais ; la mort était donc bien réelle. On

Evangiles un grand nombre de miracles produits sur la nature physique, tels que le miracle de Cana, la cessation de la tempête à la voix du Christ ; rappelons encore Jésus marchant sur l'eau et faisant marcher saint Pierre à côté de lui, la transfiguration, le desséchement subit du figuier maudit, etc. Tous ces faits n'ayant aucun rapport même éloigné avec l'hypnotisme, l'hypothèse que nous venons d'examiner n'est pas seulement impuissante, elle est encore insuffisante, et doit être par suite doublement à rejeter.

d.

Nous ne dirons que quelques mots des théories de Renan. Cet écrivain trop vanté, qui n'a pour lui que le mérite du style, a vu ses assertions démenties par la plupart des rationalistes étrangers ; du reste ses thèses historiques et philosophiques portent en elles-mêmes leur propre condamnation par les innombrables contradictions qu'elles renferment.

Son système relatif aux miracles du Christ n'est en quelque sorte qu'un mélange de tous les systèmes précédents où domine l'hypothèse de l'imposture plus ou moins déguisée ou de la supercherie de Jésus et de ses disciples. Nous nous contenterons d'examiner l'assertion suivante que nous avons du reste déjà rencontrée à propos des prophéties :

« Les miracles de Jésus, dit Renan, lui ont été

---

sait, en effet, que la décomposition putride est, aux yeux de la médecine moderne, le signe infaillible de la mort. Il est donc impossible d'interpréter la scène décrite par l'évangéliste autrement que par le miracle. Ce fait de la décomposition du cadavre a été omis par Renan dans la narration ultra-fantaisiste qu'il en a faite. Cette omission (volontaire ou involontaire, peu importe) suffit pour infirmer toutes les explications qu'il essaie d'en donner.

attribués parce qu'on croyait que le Messie devait les
faire ; or, on voulait voir dans Jésus le Messie ; donc
Jésus les a faits (1). »

Cette thèse est inadmissible ; elle se heurte comme
les précédentes à ce fait que les miracles de Jésus ont
eu pour témoins ses adversaires eux-mêmes qui n'auraient pas laissé s'accréditer de pareilles croyances
si contraires à leurs passions et à leurs intérêts. En
outre les Juifs entendaient si mal les prophéties
messianiques contenues dans leurs livres saints qu'ils
avaient pour ainsi dire *matérialisé* leur Messie et ne
voulaient voir en lui qu'un libérateur, un roi con-
quérant destiné à assurer leur prééminence sur
tous les peuples de la terre. Loin d'avoir plié l'histoire du Messie à leurs croyances populaires, ils ont
crucifié Jésus, parce que lui, Jésus, ne voulait pas
s'y plier.

e.

C'est devant l'impuissance de tous ces essais d'explication que Strauss s'est rejeté sur l'hypothèse que
nos Evangiles ne seraient que des légendes sorties
d'une lente élaboration populaire et rédigées seulement au milieu du II° siècle.

Nous avons déjà discuté longuement cette thèse et
nous avons vu qu'elle est en contradiction formelle
avec tous les témoignages de l'antiquité. Nous n'y
reviendrons donc pas.

Ainsi tous les systèmes laborieusement édifiés par
nos adversaires s'écroulent successivement à la lumière de la science et des travaux de la critique historique moderne.

Nos adversaires le confessent eux-mêmes, et la

_____

(1) *Vie de Jésus.* Introd. p. XLVI.

force de la vérité leur arrache parfois d'étranges aveux.

« La vie de Jésus, a dit le docteur Strauss, serait «inattaquable s'il était constant qu'elle a été écrite «par des témoins oculaires ou du moins par des hom- «mes voisins des événements. »

Or, nous avons vu qu'il en est réellement ainsi, et que, de l'aveu même de Renan, les Evangiles étaient composés avant l'an 70 de notre ère, c'est-à-dire moins de quarante ans après la mort de Jésus; nous avons vu que, même si l'on veut nier l'authenti-cité de nos Evangiles, nous avons encore dans saint Paul un témoin incontestable et incontesté des prin-cipaux miracles et de la divinité de Jésus.

Il ne nous reste donc qu'une solution possible, c'est que les livres qui rapportent les miracles de Jé-sus sont authentiques et que ces miracles sont vrais, par suite que Jésus est Dieu.

V.

LA RÉSURRECTION.

Nous venons d'établir que, suivant toutes les règles de la critique historique et scientifique, les miracles de Jésus sont réels et que par suite Jésus est Dieu.

Mais Dieu n'a pas voulu que la foi en la divinité de son Fils dépendît uniquement de l'étude critique que nous venons de faire et qui est hors de la por-tée des masses. Il est un autre miracle encore plus éclatant que les autres, un miracle que personne ne peut nier, que tous, amis ou ennemis, peuvent cons-tater, et qui se prolonge, pour ainsi dire indéfini-ment, à travers les siècles

Ce miracle c'est celui de l'établissement du chris-

tianisme fondé sur la croyance à la Résurrection de
Jésus.

Commençons par examiner le miracle même de la
Résurrection.

Toutes les objections, toutes les chicanes faites par
la critique rationaliste aux autres miracles de Jésus
s'évanouissent devant celui-ci.

Quand bien même nous n'aurions pas les récits des
quatre évangélistes à ce sujet, le grand fait de la
résurrection de Jésus et de la croyance des premiers
chrétiens à cette résurrection n'en serait pas moins
parfaitement établi. Tous les livres du Nouveau
Testament, les épîtres de saint Paul, tous les écrits
des premiers Pères en sont pleins ; les Juifs et les
païens eux-mêmes confirment cette croyance par des
textes innombrables et incontestables.

Or Jésus est mort devant la multitude attirée à
Jérusalem par la fête de Pâques. Son long et affreux
supplice a été public. Il a expiré à la vue de tous,
amis et ennemis, « en poussant un grand cri. » Son
organisme épuisé par la flagellation, par les mauvais
traitements dont on l'avait abreuvé ne pouvait certes
résister au supplice du crucifiement. Mais pour enlever toute apparence de doute au sujet de sa mort,
on a été jusqu'à le transpercer d'un coup de lance,
avant de le détacher de la croix.

On l'enferme dans un tombeau fermé par un bloc
de pierre énorme dont on scelle avec soin l'ouver-
ture et qu'on fait garder par ses pires ennemis. Trois
jours après il apparaît à ses disciples, cause, mange,
boit avec eux, pendant quarante jours, se fait toucher
par eux.

Peut-on expliquer un tel fait par une hallucination
des disciples, comme l'a prétendu Renan? Mais ceux-

ci ne voulaient pas croire à sa résurrection et plusieurs restèrent longtemps incrédules.

Marie-Magdeleine qui, à ce que prétend le même auteur, joua le rôle principal dans l'établissement de cette croyance, ne le reconnut pas tout d'abord, elle non plus. Loin d'avoir été *autosuggestionnés* par une idée préconçue, les disciples de Jésus furent tout d'abord rebelles à cette idée et ne se rendirent, comme le raconte saint Jean à propos de saint Thomas, que devant l'évidence *matérielle* des faits, c'est-à-dire ici, devant la vue et le toucher de la personne même de Jésus.

Peut-on admettre une imposture ou, suivant le langage de Renan, une pieuse supercherie des disciples ? Mais nous avons vu à maintes reprises qu'il est impossible d'accuser les apôtres d'imposture. Il est encore plus inadmissible que ces imposteurs aient tous donné leur *vie* pour attester leur croyance à ce qu'ils savaient être un mensonge, et que personne parmi les centaines de disciples qui auraient été leurs complices, n'ait dévoilé leur imposture.

Et du reste comment l'imposture, comment la supercherie aurait-elle pu se produire ? Le tombeau de Jésus était gardé non par des Romains plus ou moins indifférents au grand drame qui venait de se dérouler sur le Calvaire, mais par des Juifs, par des gens à la solde de ses ennemis les plus acharnés.

Il aurait donc fallu que les disciples subornassent ces gardes? Car il n'y a pas à admettre l'hypothèse d'une attaque à main armée qui aurait produit un scandale dont ils auraient été les premières victimes ; ils étaient incapables du reste d'un tel acte d'énergie, eux qui n'avaient même pas su défendre leur maître pendant sa vie et l'avaient lâchement abandonné au moment du

danger. Mais même pour acheter la complicité des
gardes, il aurait fallu une *crânerie* dont les apôtres
étaient incapables ; et une telle démarche aurait été
des plus graves pour eux. Et dans quel but se se-
raient-ils exposés de gaieté de cœur à un pareil
danger ? Pour fonder une nouvelle religion ? Aucun
d'eux n'y pensait même du vivant de Jésus. Jusqu'au
moment de sa mort, ils s'imaginaient qu'il n'avait
d'autre mission que de rétablir le royaume d'Israël.
Lui mort, que pouvaient faire douze pauvres pêcheurs de la Galilée, étrangers à Jérusalem, mépri-
sés des Juifs, perdus dans la foule de ses ennemis ?
La mort du Christ n'avait fait que leur enlever leurs
dernières illusions et les jeter dans un abattement et
un découragement dont la vue même du Christ res-
suscité eut peine à les faire sortir.

Il faut donc se rabattre sur l'hypothèse que ce sont
les ennemis mêmes de Jésus qui ont fait disparaître
son corps. Mais dans quel but? Pour empêcher un
culte et des hommages posthumes ? Mais les Juifs n'a-
vaient pas l'habitude d'honorer les saints, comme nous
le faisons, ni de déifier leurs morts illustres, comme
le faisaient les Grecs et les Romains. Du reste quand
ils ont vu s'établir la croyance à la Résurrection, comment n'ont-ils pas dévoilé leur manœuvre ? Ils tor-
turent les premiers chrétiens, leur défendent de parler de Jésus crucifié, les mettent à mort, font tout ce
qu'ils peuvent pour étouffer la nouvelle religion,
sans y réussir, tandis qu'ils n'avaient qu'un mot à dire
pour la confondre. « Mais c'est nous qui avons enle-
vé le corps et l'avons fait disparaître ! » Il faut donc
admettre qu'ils se sont rendus volontairement complices de l'établissement d'une religion nouvelle
qu'ils haïssaient et qu'ils voulaient détruire à tout
prix ?

Il y a là un dilemme dont il est impossible à tout homme de bonne foi de sortir sans reconnaître la divinité du Christ. Renan, qui a posé très nettement ce dilemme, n'ose pas donner la réponse et se contente de déclarer que la question est *oiseuse* et *insoluble*. *Oiseuse !* toute l'histoire est là pour déclarer que *non*. *Insoluble !* oui, en dehors de la reconnaissance à la divinité du Christ.

Et puis remarquons que la croyance à la Résurrection n'est pas fondée sur la *disparition* du corps de Jésus mais sur ses multiples apparitions en chair et en os. L'hypothèse de la supercherie ou de l'imposture n'est donc pas seulement impossible ; elle est encore insuffisante ; car elle n'explique pas comment les apôtres et les disciples ont pu affirmer avec une ténacité qui a défié la mort qu'ils avaient vu Jésus vivant et conversant avec eux.

Enfin quelles que soient les explications, non moins absurdes les unes que les autres, qu'admettent nos adversaires, hallucination, imposture ou supercherie, il est un fait indéniable, c'est que la croyance à la résurrection de Jésus est le fondement sur lequel s'est élevé le christianisme. Tous les apôtres, la plupart des disciples, des milliers de martyrs de toute langue, de tout pays, de toute condition, ont donné leur vie pour attester leur foi en Jésus crucifié.

C'est du tombeau du Crucifié qu'est sorti ce magnifique épanouissement de vie morale, cette splendide floraison des plus sublimes vertus que le monde ait jamais vues. Et tout cela aurait été fondé sur une illusion ou une imposture ! C'est donc que Dieu se serait fait le complice d'une œuvre de fourberie ou de mensonge. Il lui aurait donné la sanction la plus haute, la plus sublime qu'on puisse imaginer, une extension merveilleuse, une perfection morale qui dépasse tout ce que l'humanité a jamais vu ; autrement dit, Dieu aurait sciemment trompé le monde pendant des siècles !

Cela est impossible ! Cela est absurde !

VI.

L'ÉTABLISSEMENT DU CHRISTIANISME.

Nous pouvons tirer la même conclusion du développement merveilleux du christianisme à travers le monde.

Si Jésus n'est pas Dieu, on ne peut s'expliquer en effet comment la parole d'un homme obscur, appartenant à une peuplade infime et méprisée de toutes les nations, a pu se répandre avec une telle rapidité aux quatre coins du monde civilisé, apportant avec elle, non seulement des idées nouvelles en opposition absolue avec les idées ayant cours alors, mais des mœurs complètement différentes qui ont révolutionné le monde.

On ne peut attendre de nous que nous fassions ici, dans ce cadre restreint, le tableau des mœurs de l'ancienne société païenne pour mieux montrer son opposition irréductible avec celles de la société chrétienne qui allait se substituer à elle. En face de cette société gréco-romaine, si fière d'elle-même, si puissamment organisée, parvenue à un si haut degré d'intellectualisme et de civilisation, que voyons-nous ?

Un petit groupe d'hommes inconnus, artisans ou pêcheurs, sortis du fond de la Syrie, d'une peuplade profondément méprisée de tout le reste du genre humain ; et ces hommes, qui sont eux-mêmes, pour la plupart, de la classe la plus basse de la société, viennent proposer à l'élite intellectuelle de leurs contemporains, aux nations les plus civilisées de la terre, aux Grecs et aux Romains, de renoncer à toutes les jouissances de ce monde pour vivre dans la pénitence, dans la chasteté absolue, d'abandonner une religion poétique et gracieuse, immortalisée par leurs héros et par leurs poètes, intimement mêlée à toute leur histoire, à toute leur vie sociale, pour adorer comme Dieu un nomade juif inconnu, crucifié comme un malfaiteur par ses compatriotes avec l'approbation du gouverneur romain.

Que ces hommes aient eu une idée pareille, c'est déjà une folie — dont ils se rendaient du reste parfaitement compte et que l'un d'eux a très bien caractérisée sous le nom de folie de la croix. — Mais qu'ils aient réussi, après avoir prophétisé leur triomphe, qu'ils aient réussi en dépit de tous les obstacles accumulés contre eux, en dépit de l'opposition la plus formidable, organisée par le pouvoir le plus puissant que le monde ait encore vu, c'est ce qu'il est impossible de comprendre, si l'on n'admet pas que Dieu était avec eux.

On ne peut objecter que le même phénomène s'est produit dans d'autres temps et dans d'autres lieux. L'histoire est là pour nous prouver précisément le contraire.

Le mahométisme est la seule religion qui se soit développée comme la nôtre dans une période historique connue. Or, ce développement a été de tous points le contre-pied du développement du christianisme. Mahomet n'a pu faire triompher ses idées, parmi les Arabes eux-mêmes, que grâce à son influence et à celle de sa femme, grâce à ses richesses et aussi grâce à une lutte fratricide de plusieurs

années. Les conquêtes spirituelles de ses successeurs
se sont partout confondues avec leurs conquêtes militaires. C'est le sabre de ses cavaliers qui a frayé la
route à l'islamisme dans toutes les contrées où il a
pénétré ; là où il a été vaincu par les armes, il n'a
pu faire un seul prosélyte.

Le bouddhisme ne s'est étendu dans l'extrême
Orient que par le prestige d'une civilisation supérieure (1). Les Hindous l'ont importé aux Chinois
encore barbares ; ceux-ci l'ont imposé aux Annamites, aux Japonais et à toutes les populations voisines
et primitivement tributaires du Céleste Empire. Nulle
part cette religion, du reste très large, très vague,
n'ayant aucun dogme précis, n'a pu résister au souffle de la persécution ; elle n'a même jamais réussi à
s'établir solidement dans l'Inde, son pays d'origine,
à cause de l'opposition des brahmes.

Il en est de même du paganisme hellénique et romain ; il s'est affaissé et a disparu subitement dès que
les pouvoirs publics, qui l'avaient soutenu contre le
christianisme, lui ont retiré leur appui.

Ainsi le développement du christianisme est un
fait unique dans l'histoire de l'humanité. La religion
de Jésus a grandi sans le moindre secours humain (2),
en dépit de tous les obstacles accumulés sur sa route,
en dépit surtout des passions humaines qu'elle combat, tandis que toutes les autres religions leur
ouvrent la porte la plus large ; elle a réussi, contrairement à toutes les prévisions humaines, contraire-

---

(1) Le bouddhisme a conquis une moitié de l'Asie pour des
motifs tout politiques et moraux. (RENAN; *Vie de Jésus*, p. 45.)

(2) Quand Constantin lui accorda la liberté, la majorité de
l'empire était déjà chrétienne, au moins dans les villes ; par
suite, ce n'est pas au pouvoir séculier que le christianisme doit
son rapide développement.

ment à toutes les lois de la sociologie et de l'histoire. Il faut donc qu'il y ait en elle une force qui ne vient pas de l'homme, mais de la divinité.

Et Dieu aurait donné cette sanction unique dans le monde à un système fondé sur l'hallucination, la supercherie ou même simplement l'erreur ! Cela est en contradiction avec la notion même de Dieu. Cela est impossible ! Cela est absurde !

Il reste donc acquis que Jésus s'est donné comme Dieu, qu'il a agi comme Dieu, que sa parole et ses miracles ont reçu de la divinité la sanction la plus éclatante qu'il soit possible d'imaginer, sanction visible à travers tous les siècles.

Donc Jésus est Dieu.

FIN

TABLE DES MATIÈRES.

www.ingramcontent.com/pod-product-compliance
Lightning Source LLC
LaVergne TN
LVHW022118080426
835511LV00007B/888